Ingrid Lucia

Lujuria

Hablemos claro de Sexualidad II

Publicado por Kit Communications Group, LLC

©Ingrid Lucia, 2024
www.lascosasdeingridlucia.com

Edición: Zurelys López Amaya
ISBN Paperback: 979-8-9912323-0-2
ISBN eBook: 979-8-9912323-1-9
LCCN: 2024915643

Hecho en Estados Unidos de América, 2024

A mis amantes y a los de otras

PRÓLOGO

La vida sexual siempre tiende a una búsqueda constante y recíproca. Vivimos atados a historias que se nos presentan sin esperarlas, sin buscarlas, las cuales se ven reflejadas a través de diferentes edades y conflictos ocasionales. Se ven en las vivencias de nuestros propios personajes. Por momentos atrevida y desenfadada. Esa es la idea, como advierte el historiador y filósofo francés Michel Foucault, en el que examina la aparición de la sexualidad como objeto discursivo, donde argumenta que la idea de cada individuo posee una sexualidad, y que es un desarrollo relativamente reciente en las sociedades occidentales.

Este libro posee la magia de diálogos necesarios que nos orientan en determinado momento, y atraviesan cánones que nos llevan de la mano hacia historias comunes, inmersas en aprendizajes sobre cómo defenderse y a la vez interpretar el sexo.

Las señales que nos deja el libro: *Lujuria,* de su autora Ingrid Lucia, nos da a entender diferentes modos de practicar el sexo en toda su dimensión. Sin tabúes ni enjuiciamientos por el hecho de decir las cosas con el nombre que llevan. Una característica fundamental, es la enseñanza de demostrar que una persona puede resolver y desencadenar todas las pasiones necesarias a través de la sexualidad.

Durante nuestras vidas probamos varias experiencias personales para plasmar una síntesis de lo que puede ser la que nos ayude a entender el corto o largo tiempo de una relación. Se puede incluso, llegar a definir la inestabilidad en una pareja. Ya sea esta de pocos meses o de varios años. La experiencia y seguridad adquiridas nos puede poner a prueba para medir en una balanza ese momento difícil de decidir si continuar o no en la misma cuerda.

El significado de este libro es ayudar a través de sus diálogos y experiencias personales, poder transitar hacia un camino placentero que nos ayude a entender a otros, ya sea a nuestras parejas como a los amantes. La intensión está dada a partir del amor, el deseo y lo que siempre se espera de la otra persona, lo novedoso, el equilibrio de un mundo no perfecto pero sí deseoso por descubrir.

Zurelys López Amaya

Lic. Comunicación Social, poeta, narradora, periodista y editora

Emma y Luis se conocieron a mediados de 2018, cuando ella llegó a ser inquilina a la casa de los padres de él. En ese entonces, por respeto, apenas se atrevían, al menos directamente, a intercambiar miradas. Luis estaba legalmente, casado.

Por su parte, Emma salía, se divertía y tenía sexo con Frank, su amante en ese momento o con cualquier otro hombre que le pareciera atractivo y que al mirar y sonreír lograra humedecer su ropa interior.

—Hola, es bueno que mis padres tengan una inquilina como tú —le dijo Luis.

—¿Sí? —respondió Emma con una sonrisa.

—Atractiva, seductora, joven, y por lo que he escuchado de mis padres, muy responsable.

—Tanto que por muy atractivo que pueda parecerme su hijo, no voltearía mucho mi mirada, al menos mientras sea un hombre legalmente casado.

Luis tenía todo lo que Emma codiciaba en un hombre, pero había adoptado unos años atrás la obediencia de no mirar hombres casados y, él lo era.

No mirarse con lujuria era imposible, ambos habían sentido el mismo deseo sexual desde el minuto en que se conocieron, y hasta un año después de haberse conocido, fecha en la que él se separó y divorció legalmente, luego de 13 años de matrimonio.

—¿Te has enterado de que vivo aquí, en el cuarto máster del fondo de la casa? De esta misma donde cada noche duermes tú del otro lado.

Emma sonríe y exclama:

—¡Entonces somos vecinos, ya veré como puedo usarte! ¡Los vecinos siempre son útiles en algo!

Casi todas las noches se cruzaban, se detenían y comenzaban una charla donde el ofrecimiento de un vino jamás faltaba. Emma, cada vez más buscaba necesitar a Luis, el cual acudía a socorrerla hasta en el más tonto de sus llamados sin importar la hora; en consecuencia, las conversaciones, opiniones, sugerencias y complicidad respecto a cualquier tema personal y/o profesional fueron creciendo.

Sus charlas eran cada vez más largas, desenfadadas, jocosas y continuas.

La tierra continuó girando alrededor del sol y llegó marzo del año 2020, momento en que todos fueron sorprendidos por una pandemia. Todos debieron quedarse en casa, ¿y....que sucedió? Pues, no hay que ser muy astuto para saber lo que ocurrió bajo aquel techo.

Emma y Luis, ambos adultos, solteros y en plenitud de su vida sexual, cedieron sus cuerpos a una noche lujuriosa donde luego de incontables jadeos y muy satisfechos de sus múltiples intercambios de fluidos, ella decide "despedirse" con la frase de:

—Tenemos que respetar a los viejos, por mucho que nos hayamos gozado, una noche como esta no se puede repetir. Lo último que deseo es que se cree un problema y entonces tenga que cambiar de renta.

—Eso no sucederá —sentenció Luis, pero su sonrisa, el brillo de sus ojos, y su beso al desearle buen día a Emma, dejaban al descubierto que contaría las horas para un próximo encuentro.

—¿Has comido? Sé que te gusta la carne, puedo cocinar algo para los dos y beber unas copas.

Serían pasadas las cuatro de la tarde de esa mañana en la que se habían despedido cuando Luis le envió ese mensaje de texto a Emma

—¿Puede ser después de las cinco?

Las tardes, noches de jadeos, humedad, sábanas empapadas y complicidad sexual transcurrieron por meses. Eran dos cuerpos sedientos de mucho sexo, de mucha cama mojada, entre ellos no existía el pudor.

Ambos vivían una lujuria acumulada que por años habían experimentado, únicamente a retazos, y que duró hasta octubre del año 2020, cuando Emma decide cambiarse de ciudad con la complacencia de haber disfrutado del sexo más cómplice y mojado de sus últimos 20 años de vida.

TENER SEXO Y NO SONREÍR ES TENERLO CON LA PERSONA EQUIVOCADA

Ana tiene una relación de algo más de 8 años, y esa sonrisita sabrosa que de manera involuntaria se logra tras tener sexo, ella ya no la tiene, aunque lo intente.

Ana tiene una amiga, Lucy, quien siempre le sugiere que hable con su pareja o que la cambie, pues tiene como argumento que las relaciones sexuales son relajantes en todos los sentidos, absolutamente en todos.

—El sexo —le dice—, es una actividad antiestrés donde su resultado es sudar y eyacular.

—Ana, cariño le dice Lucy—, a la hora de follar, ambas personas deben suspirar y sonreír por el placer del momento. ¡Si el efecto es el contrario, déjalo! Eso está escrito hasta en La Biblia (su expresión al desear sentenciar algo).

Ana es de esas mujeres que siempre prepara el momento, no cree en la espontaneidad del sexo, incluso siempre se pregunta: ¿Cómo es eso de aquí te pillo aquí te mato?

—El sexo —le explica la amiga— es como beber una copa de vino. Escoges la botella que te guste, la agarras, la abres, te sirves sin derramar nada en el sitio equivocado, y ya sea parada o sentada te das ese primer sorbo que te hace exclamar: ¡Dios, qué cosa tan deliciosa!

Y ahí mismo Ana soltó una carcajada, y pensó que si el sexo se disfruta tanto como lo cuenta su amiga, pues la sonrisa debería ser tan innata como las expresiones que antes solía tener durante el acto sexual con amantes anteriores, y que sin saber el cómo y cuándo ocurrió había dejado de decirlas.

Ana le contaba a su amiga, que incluso un día dejó de gemir y hacer ruidos al tener sexo, que todo era muy preparado y estático, él arriba, ella abajo, que casi nunca se desvestía, que ya había olvidado cuándo fue la última mamada (buena o mala) que se hicieron, en fin...sólo era esperar que llegara a la cama, penetrar y... hasta mañana.

En la plenitud de sus 40 no vivía los típicos halones de pelo al follar, ni las nalgadas, ni el jadeo, ni las sentadillas al coger, ni eyaculaciones, ni palabras "cochinas".

¡Qué triste y aburrido todo!

Ya sabemos que cada persona siente diferente. Cada pareja es un universo, pero en el momento de tener sexo y/o hacer el amor, una sonrisa es totalmente normal porque es el momento del día, la semana o el mes en el cual hasta se suspira de placer.

Así que yo, (la narradora) estoy muy de acuerdo con Lucy, la amiga de Ana, si no sonríes al follar, cambia de pareja, pues las parejas, primero y antes que todo, ¡son para fornicar! ¿A que sí?

Te presentan a alguien, surge esa miradita, de esas con las cuales se echa a ver que alguna atracción física se ha dado entre ambos, charlan un poquito e intercambian números de teléfono.

Un par de días después, Manuel llama a Ana con el típico hola ¿cómo has estado? Me encantaría invitarte a un café.

Hasta ahí el cortejo había comenzado de maravillas, pero...minutos después, de esa misma conversación telefónica Manuel le dice que realmente quiere verla de día para así evaluarla bien y confirmar si iría más allá de un café, hablo de irnos a la cama, no hay tiempo que perder en esta vida.

Es entonces cuando, hasta yo (la narradora, persona de mente abierta) diría: Perdona, pero... ¿a dónde hemos llegado? ¿El tema es conocerse o pasar una audición? ¿Qué un hombre le diga a una mujer que la tiene que evaluar antes de saber si va a tener sexo con ella o no? Me parece que hay ciertos filtros en un cortejo que no deberían perderse, total, ahora vivimos más, eso dice la ciencia, ¿o no? ¿Cuál es el apuro si aún tenemos una media década por vivir?

¿Dónde ha quedado el cortejo, la galantería, el respeto por las damas? Pregunto yo.

En ocasiones se sale, se conoce a alguien, se tiene una noche loca, y luego si te he visto ni me acuerdo, esta es una experiencia como otra cualquiera en la vida sexual de todos y quien no la haya vivido pues mi consejo es que lo haga ¡YA! Pero...muy fuerte lo de Manuel, a mí entender.

Hace muy pocos días "te he conocido", le contesta Ana a Manuel, cruzamos cinco minutos de palabras, me pareciste majo y sí algo atractivo, pero llamarme para invitarme a un café y así evaluar mi talla de busto y pompis, es como devolverte la respuesta con: ¿y tú, ¿cuántas pulgadas tienes?

En ocasiones puede atraernos muchísimo una persona y hacer concesiones porque la vida no es en blanco y negro, pero de ahí a permitir que en plena fase de enamoramiento alguien llegue y te diga: "Tengo que evaluarte para saber si..."Ay, ¡por favor!

Es importante estimarse. El sexo es puro placer, no es un favor.

Estás caliente, tu pareja se encuentra a tu lado, lo miras con esa picardía que sólo él sabe interpretar, no pueden mediar palabras porque no están solos. Tus padres, ahora viven en casa con ustedes; él sabe que estás pidiendo sexo a gritos. Ambos se levantan y van directamente al baño, abren la ducha para que el ruido del agua caiga y, a disfrutar de un rapidito y "silencioso"; más no pueden hacer. ¿A quién no le ha ocurrido esto?

El tema de vivir solos es complicado por múltiples razones: Cuando estás en tus veinte aún vives con tus padres, porque estudias o no ganas lo suficiente ni para compartir apartamento. Matrimonios jóvenes que viven con los padres de algunos de estos, porque antes necesitan reunir dinero suficiente antes de comprar su propia casa.

Y así pudiera seguir enumerando puntos, pero no es ese mi objetivo. El tema es que resulta imposible tener relaciones sexuales de esas donde se grita de placer sin tener que tragar saliva porque te tapen la boca para que nadie escuche ni el más mínimo gemido de placer. ¡Qué fuerte!

No tienes intimidad en casa, pero para todo, al menos yo, encuentro una solución y aquí te cuento.

Al vivir con los padres hay que encontrar horarios donde esos padres no estén, en algún momento tendrán que hacer cosas en la calle, ¿no? Y si no pídele que vayan al supermercado a por unas compras. ¿No manejan? Págueles un Uber, pero intente al menos estar en soledad con su pareja por media hora.

También es ideal aprovechar algún fin de semana en que éstos decidan irse fuera. Justo esos días toca disfrutar del sexo más cochino que existe, da igual si en el salón, la habitación, la cocina, el baño, el balcón, toda la casa es para ustedes.

Haga lo anterior si de igual manera comparte casa con alguien más que no sean sus padres. El día que tu compañero de piso se quede fuera, pues... fiesta sexual.

También, todos tenemos algún amigo que vive solo, así que si hay confianza pregúntale y quizás de vez en cuando te preste su apartamento.

Parejas que tienen hijos les aseguro que el truco de la ducha es genial, cierren esa puerta, abran cuanto grifo tengan en su baño para el tema ruido y a sudar de placer por algunos minutos hasta venirse sin tener que taparse la boca.

Otra muy segura y tranquila opción son los hoteles. Cada uno, según su situación económica, pero para disfrutar de múltiples eyaculaciones y orgasmos, de esos que te devuelven el alma al cuerpo. No se necesita gastar una fortuna cada vez, porque si no muchos no irían. El objetivo es gozarse.

Además, tener sexo fuera de casa, es decir, de nuestra zona de confort, eleva el morbo.

Ustedes tengan cuidado de que no los pillen, pero atrévanse a usar desde el auto en algún sitio apartado, la playa, una tienda de campaña y cualquier otro que, aunque incómodo les regale minutos de necesario, ruidoso y "cochino" placer.

¿Acoso?

Las mujeres somos coquetas, nos fascina, sea nuestra intención o no (siempre lo es, no se dejen engañar) que nos halaguen.

Las mujeres, dice Di, amábamos que los hombres no sintieran miedo en agasajarnos hasta por el brillo de nuestros labios. Recuerdo que podía tener una mala mañana en casa al despertar (trajines familiares) y antes de ir a trabajar, pero jamás dejaba de ponerme mi medio tacón, mi blusa escotada y de colores vivos, alguna gargantilla que acentuara mi cuello, mi labial y algunos pendientes que también llamaran mucho la atención.

Al llegar a la oficina mi mañana volvía a sonreír, y aquellos problemas familiares que me agobiaban al salir de casa quedaban atrás, luego de algún pícaro, pero siempre cordial cumplido de algún compañero de trabajo mientras nos saludábamos y bebíamos un café. Eso se llamaba piropear, no acosar como lo quieren hacer ver, toda la vida fue piropo.

Los hombres son extremadamente visuales, y nosotras siempre nos hemos aprovechado de ello a la hora de conquistarlos, y que no me joda nadie diciendo lo contrario, toda la vida ha sido así.

Basta que queramos algo de un hombre para sacar nuestras armas, seducirlos y usarlos a nuestro antojo. Siempre las mujeres hemos sabido hasta dónde dejarlos llegar.

Pero la realidad es que con el tiempo todo ha cambiado, a mí entender muy para mal. Los hombres ya no pueden ni voltear la vista ante una dama y mucho menos expresar su sentir. Vivimos tiempos en el cual los hombres son extremadamente atacados y castigados hasta por una frase amable. El tema del acoso sexual existe, no digo que no, pero como que... las mujeres están abusando un poco, diría yo.

¿Cuántas veces al estar invitadas a un evento cualquiera salimos a comprar algo y usamos la frase de: Quiero llegar e impactar, ¡qué me miren! Esto no nos hace ser irrespetuosa con nuestra pareja, no nos convierte en infieles, diablas ni nada parecidas, ni convierte a quien te festeje en un demonio infiel que quiere ponerle los cuernos a su mujer contigo.

Desde que comenzamos a presumir, nos ocupamos de colocar en nuestra piel la fragancia que más nos guste, de usar los colores que mejores nos van, de combinar accesorios, de pintarnos las uñas, tener el cabello impecable. En fin, de usar lo que más nos favorezca de acuerdo con la situación y...luego de esto ahora pretenden que los hombres no nos miren, ¡ay por favor!

Nosotras adoramos lucirnos y ellos hasta nos veneran, así que...no los castiguemos por algo que nosotras mismas provocamos ¡El piropo ha existido toda la vida, no lo matemos!

23

TU PAREJA TE PIDE MIRAR MIENTRAS OTRA PERSONA TE DA SEXO

La vista es un sentido curioso y poderoso que nos hace desear, probar y disfrutar de algo conocido o no.

Un día Marta le comenta a su novio Alberto sobre la excitación que le provoca a algunos hombres que sus parejas mujeres tengan relaciones sexuales con otro y, luego le cuenten los detalles sobre tal "infidelidad", la cual es conocida y permitida por ambos.

Alberto, tan liberal como Marta en el aspecto sexual, le responde que también hay mujeres que se excitan cuando su pareja (refiriéndose a un hombre) tenga sexo con otra, luego llegue a casa y le cuente cada detalle mientras ellos mismos como pareja tienen relaciones y se vienen como dos desquiciados sexuales. Ellos lo son.

Alberto y Marta se conocieron a través de unos amigos en común. Los presentaron en una fiesta de cumpleaños, pero ninguno sintió atracción física el uno por el otro, algo que "decepcionó" a Luis, ese amigo que buscó tal encuentro pues los conocía por separados y sabía que ligaban juntos, sabía que ambos son unos "locos" en la cama.

Meses después se encontraron, Alberto y Marta, en un bar; se saludaron, bebieron unas copas, conversaron, rieron y terminaron en la cama de ella por dos noches seguidas.

—Mira que Luis me dijo que tú y yo encajaríamos bien— dice Alberto mientras enciende un cigarro.

—Pero jamás pensé que tanto —responde Marta. A mí me hizo el mismo comentario. Nos conocemos hace muchos años y, conversaciones sexuales hemos tenido muchísimas. Luis ha sido ese amigo hombre que me responde como los hombres cuando he tenido alguna conquista entre manos. Con él he aprendido a que, con los hombres todo es sencillo, quieren o no quieren, no dan vueltas.

Así, yendo un día a la vez y descubriéndose sexualmente, cada día más, transcurrieron dos años de continuo sexo, copas y cero compromisos entre Marta y Alberto. Eran mucho más que buenos amantes.

Luego de esos dos años, llegó, como cada semana, una noche de viernes más, pero esa noche acordaron salir y que ella conquistara algún hombre sediento de humedad vaginal para llevarlo a la casa de ella (aún no vivían juntos) para él sentarse a disfrutar con la vista de la cabalgata que con tanto gusto daba aquella mujer sobre su pene casi todas las noches, tanto lo excitaba y lo hacía chorrear.

—¿Estás segura de que todo bien con tu novio? A mí me da igual, yo con tal de coger me da lo mismo que haya un teatro vacío como lleno —dijo el invitado escogido.

—Claro, afirmó Marta.

Alberto entró primero, cerró la puerta tras ellos. Al instante comenzó a desvestir a Marta y a pedirle al invitado que la tocara, lamiera y penetrara cuanto ella quisiera y hasta donde ella ordenara.

—Yo, sólo miraré, dijo.

Marta gritaba de placer con aquel invitado; mientras Alberto la veía hermosa, segura, atractiva, hechicera y más femenina que nunca. Se excitaba y venía de mirar a su invitado cogerse en cuatro aquella mujer que a la mañana siguiente le pediría vivir juntos.

El invitado se le montaba encima, luego ella cabalgaba, sudaban y necesitaban beber agua. Marta pedía más, los tres se corrieron en múltiples ocasiones. Los tres disfrutaron.

Somos el uno para el otro; fueron las primeras palabras al despedir, a la mañana siguiente en la puerta al invitado.

—¿Ahora me coges tú?

—Si, con el sabor del que te ve desde fuera, te desea y no te puede tener. Eres demasiado Marta y, sin ti no me quiero quedar. Vivamos juntos y que la vida diga lo demás.

Así lo hicieron.

Si alguien ha pensado que eso fue un trío, le digo que no, no lo fue. Sólo es una pareja con fuertes lazos afectivos y con una enorme confianza sexual entre ellos.

Todos han tenido una vida antes de conocer a su pareja actual, es decir... todos han mantenido relaciones sexuales y/o de pareja con otras personas. Siempre que se conoce a alguien en plan romance, debe entenderse lo anterior para evitar rollos raros y poder seguir adelante con este nuevo proyecto.

Las mujeres somos...bueno, a nuestra manera y en muchas ocasiones queremos que el de turno nos cuente en un mes hasta el más sórdido de sus secretos, la "más rara" de sus fantasías. Tal cual el caso de Di.

Yo soy de carne y hueso, le dice Di a su amante de turno (un mes). Tengo sueños, metas, objetivos y también algún que otro secreto, poseo un lado luminoso y para que exista equilibrio algún lado oscuro. Si voy a continuar revolcándome contigo pues quiero saber más de ti.

Todos guardan algún secreto personal, y no creo que comenzando una relación, llegas, te sientas y le cuentas tu vida detalle a detalle a esa otra persona y... si lo haces, cuidado, porque lo que hoy parece inofensivo, jajaja, mañana puede ser usado en tu contra, créanme.

—No quiero apresurarme en preguntar demasiado, pero soy mujer, me define el querer saber— comenta Di, como si el confirmar su sexo fuera un argumento irrefutable de curiosidad/confianza.

—Di, el propio paso del tiempo logra sacar todo a flote, hasta lo que no imaginas. No te apures.

Es necesario tener en cuenta el tipo de comunicación que tienes con esa otra persona, de aquí parte todo. Debe existir fluidez, respeto, empatía, sinceridad y confianza desde y hacia ambos lados, y todo esto se va ganando con el tiempo. No funciona el rollo de: Te conocí, nos fuimos a la cama par de veces, la pasamos rico y te conté todo. No.

—Las mujeres somos quienes más secretos almacenamos, ¿lo sabías? Te lo dejo saber, pues si de momento te interesa intercambiar— Dice Di en el afán de querer averiguar algo que pudiera ser hasta producto de su fértil imaginación femenina.

En este tema, como en cualquier otro debemos ser generosos con la otra persona, quizás no nos cuenta ciertos sucesos creyendo que lo vamos a juzgar. Ojo, no me refiero al hecho de que la otra persona esté por ahí engañándonos y tal, no siempre se trata de eso, ¡por Dios!

Lo que intento decir es que debemos respetar su propio mundo, ese que ya existía antes de nuestra llegada para que de igual manera respeten el nuestro.

—Di —dice su amante de turno—, es necesario tengas en cuenta que si tanto preguntas sobre mi pasado, un día obtendrás una respuesta que quizás jamás imaginabas y, algo y/o todo de lo que tenemos se puede romper por un hecho que es parte de una historia que nada tiene que ver con nuestro presente.

—No te apresuro cariño —responde con dulzura trepadora, —no fuerzo, sé que todo tiene su momento y quizás necesitas más tiempo en sentir que creamos bases sólidas.

—Entonces dame tiempo, lo más importante es que estoy contigo, cada día me interesas y atraes más, ya verás como un día cualquiera, cuando menos lo esperes te digo con una sonrisa de esas que van de un lado a otro del rostro: ¿Sabías que yo...? Y.... voilá...apertura total.

Respetar la individualidad de nuestra pareja, sobre todo al inicio, resulta esencial para el desarrollo de cualquier relación.

Todos tienen sus propios trucos sexuales, sitios, posiciones, métodos, estrategias y hasta horarios favoritos para tener sexo, que a su vez no disfrutan por igual con todos, pero su calidad se amplía en la misma medida en que se practica.

Todos ambicionan terminar cada acto sexual con un orgasmo intenso y de calidad, pero lo primero que debe tenerse en cuenta, es que el sexo es más que atracción física, el sexo "perfecto" es distinto para cada persona en particular, y en ocasiones dos cuerpos se vinculan mucho más a través de la comunicación que de la fascinación física. De aquí la recurrente frase en muchos de: "Mi pareja y yo tenemos mejor sexo ahora que unos años atrás". El gran secreto, es el poder de la comunicación, con los años se vuelve cómplice, y por supuesto de la práctica; tal cual les había ocurrido a Emma y Frank.

—Eres el ejemplo de no necesitar ser el más dotado para complacer a una mujer —le decía Emma a Frank tras un suspiro de placer luego de haber visto la vida correr entre sus piernas.

—Eres la tesis de que se puede vivir un orgasmo cada vez que se tiene sexo —alegó Frank.

Ambos rieron, se dieron un beso, y sudados se abrazaron para dormir.

Lo que es pequeño para algunos puede resultar ser el premio gordo de otros, por eso es necesario romper toda barrera mental, todo complejo. Tú, atrévete y pregúntale a tu pareja sobre sus deseos, fetiches y fantasías sexuales. Cuéntale los tuyos, explora, experimenta sin pudor alguno. Saca de tu vida el miedo a lo que pensará en ese momento o en el futuro si deciden no seguir juntos. La vida es aquí y ahora.

Mañana es otro día y nadie sabe si llegará, así que hoy...haz lo que tengas que hacer por tener placenteras relaciones sexuales. ¡Esas siempre valen la pena!

¿EL SEXO QUE LE DOY ES SUFICIENTE PARA QUE SE QUEDE?

A todos nos gusta que nos presten atención, no se sientan mal por ello si en algún momento pensaron que eran los únicos con tal sentir. El ser humano se complace en ser admirado, y cuando sexualmente alguien le atrae hace maravillas para que le miren a como dé lugar.

En el sexo durante las primeras semanas todo ha sido excepcional. La comunicación ha marchado de maravillas. Las conversaciones, sonrisas y los halagos, tal cual el intercambio de fluidos ha sucedido de manera espontánea de un lado a otro. Él creyó que ya la tenía completamente de su lado, pero...de pronto, las charlas y hasta los encuentros sexuales se han espaciado. ¿Qué ha ocurrido?

—Manuel, está bien que seas auténtico, pero no grosero querido —replicó Lucy al salir apenada de aquella fiesta con amigos en la que Manuel gritó, como un chiste sobre la diversión que le daba Lucy con sus partes íntimas y lo que él la hacía chorrear.

Emplear cierta estrategia es válido, pero perder la perspectiva y convertirte en un bufón sexual es de muy mal gusto.

—Lucy, tú me vuelves loquito en la cama y tú, también, gozas conmigo. De nosotros pa'llá no hay más pueblos.

—Si, si hay más pueblos. Follar rico es delicioso y ya sabes que para mí es esencial, pero también lo es tu comportamiento en público. Mi intimidad es mía, aunque de momento la viva contigo. La ricura de tu pene no compensa los bochornos de tus chistes sexuales en público. A las mujeres, te lo digo por mí y por las que vengan detrás, nos cautiva la billetera y el placer que nos den con ella y obvio, con el pene, pero de igual manera nos gusta que el hombre se respete a sí mismo y no que sea un payaso, cariño. Nos gusta que los hombres sean nuestros héroes dentro y fuera de la cama. Nos quedamos con quien nos represente, no con el que nos avergüence.

¿ABRIR O CERRAR LOS OJOS MIENTRAS SE TIENE SEXO?

Muchos gozan ese segundo, en que en medio de la actividad sexual las miradas se cruzan y logran dar un vistazo al placer que en ese momento se está viviendo. Tal cual, les sucede siempre a Paloma y a Orlando al estar sentados uno frente al otro mientras se está cogiendo.

—Frecuentemente, cuando besaba a otra persona cerraba los ojos, y si estaba teniendo sexo no me detenía ni un segundo "en esa tontería" —le cuenta Orlando a Paloma una noche cualquiera mientras ella cabalga sobre él lentamente.

—Yo también disfruto mucho mirarte, sabes que eres mi Eros, ese que afloja los miembros y debilita la mente —le dice Paloma mientras sonríe muy satisfecha.

Ambos sueltan una carcajada y continúan su actividad.

—Contigo, bandida mía, todo es precioso en una cama —dice Orlando—. Mirarte mientras te veo disfrutar con tanto descaro es algo que no vivía hace muchos años. ¿Cómo no mirar ese cuerpo que tanto me enloquece y lo que haces? ¿Cómo no ver la satisfacción que refleja tu mirada?

¿CÓMO REACCIONÉ ANTE AQUELLA
PRIMERA INFIDELIDAD?

Duele. Una infidelidad lastima mucho, se miente si se dice otra cosa. Cuando tu pareja te ha sido infiel, a tu vida entra el dolor por la traición.

Recuerdo que mi hermana—cuenta Di— por aquellos días en que sufrí una infidelidad enterada (si hubo alguna antes no lo supe) me aconsejaba no sentirme culpable, y mucho menos creer que no era suficiente para mi pareja de entonces. En aquellos tiempos me invadió todo pensamiento de no valoración y de castigo, hasta que algo llamado tiempo me curó y me mostró que yo no había hecho nada incorrecto, sólo había amado, y de eso nunca vale la pena arrepentirse.

Hoy hablo el tema sin vergüenza y más bien hasta recomiendo salir y respirar el aire y...cuidado con las venganzas, vivimos en tiempos donde la violencia física es noticia cada día, y desquitarse de esta manera no es saludable para ninguna de las partes. Es necesario no atravesar esa puerta, la violencia jamás trae nada bueno y nadie tiene el derecho de quitarle la vida a nadie por motivo alguno, y mucho menos por el hecho de haberse ido a la cama con otra persona.

Mi hermana me pedía que no me encerrara en casa, sin ducharme, en ropa de dormir y bebiendo sin consuelo. Era lo único que hacía.

Hubo algo que sí hice por mí misma, y me alegro muchísimo por ello, y fue el limitar los comentarios al respecto porque todos decían lo que debía hacer y eso era más caos para mi mente, no era lo que necesitaba.

¿Qué sucedió con nosotros?

Lo dejé.

No me arrepiento de haberlo amado, pero el dolor por la traición a lo que éramos y teníamos no me permitió seguir compartiendo sentimientos, afectos y emociones en una misma cama.

Miami es una ciudad donde ligar puede resultar difícil, pero a la vez muy fácil.

Ana salió a bailar a un sitio que estaba muy de moda en la ciudad junto a su amiga Di. Allí bebieron, rieron y bailaron con los hombres que se le acercaron hasta que Ana se decidió por uno de ellos. Un moreno alto, de brazos fuertes como le gustan a ella. Se fueron a su casa, y hay que decir que las risas fueron espontáneas y el sexo encantador, como si se conocieran de hace mucho. Esa noche hubo química, física y todo lo demás.

Desde la siguiente mañana a ese fin de semana comienzan a saludarse, se preguntaban cómo iba su día. En las noches se hacían un resumen y así marchaba todo durante las primeras semanas.

Pero de momento, sin que Ana lo viese venir, puaf...su amante había desaparecido de su vida.

¿Qué he hecho? Comenzó a preguntarse ella misma y a su amiga Di, quien compartió con la pareja en diferentes momentos.

—Ana, yo creo que con la emoción olvidaste que esa persona antes de conocerte ya tenía una vida, es decir familia, empleo, escuela, amigos, pasatiempos.

En fin, ocupaciones de la vida real. Y tú, amiga mía, lo estabas absorbiendo, y ya sabes que en estos tiempos la gente entra en ataques de ansiedad y pánico, se frustran, y en vez de hablar, desaparecen. Lamentablemente ya los adultos eligen desaparecer en lugar de dar la cara y decir que ese tiempo fue bonito, pero que no están en la misma cuerda en ese momento de la vida; terminar así, hablando, sería más elegante, pero las maneras, increíblemente, se pierden por día.

—Es increíble, de veras que sí, expresa Ana. Imagina ver a esa persona en línea, lo saludes con educación y pase de ti como con la peor. ¿Por qué?

—Las personas, y te lo digo por experiencia propia, necesitamos nuestro propio aire, libertad, tiempo e independencia personal. Haz lo mismo, en otras palabras, siempre te lo he dicho, y quizás hasta llegues a sentir admiración y orgullo por ti misma. Te repito, ambos tenían una vida antes de conocerse y a nadie le agrada sentirse agobiado, porque entonces no sería atracción, si no chantaje emocional.

—Es sano que te comuniques, pero tampoco que estés al tanto hasta cuando esa otra persona va al baño, porque sin darte cuenta la ahogas. Esa constante y asfixiante comunicación, puede dar a entender que más que atracción tienes una gran necesidad afectiva, y la idea es sentir placer y gusto al estar contigo.

Los seres humanos no somos perfectos, pero al amor se conquista con pasión, afecto y mucho respeto.

De una parte, opino que se debe contestar y comunicarnos como seres humanos, hemos evolucionado, digo yo. Por otro lado, porque una persona no te ha hablado en tres días vas a enviar mensajes de reclamos ¡No, por favor! No eres su mamá ni papá, recuerda que se están conociendo y, ¿quién desea continuar una relación de puro regaño?

Así que, a tu próxima conquista, dale aire, cariño.

En el momento que se rompe una relación, da igual que haya sido de mutuo acuerdo o no, ocurre una etapa de duelo; esta puede ser un período de horas, días, meses y/o años, eso depende de cada persona, no todos lo asumen de igual manera. Lo que debe tenerse claro es que hay que afrontarlo y seguir adelante. La vida continúa y un rompimiento amoroso es una experiencia más.

Mientras Emma tenía nuevas citas amorosas, sus amigas la llamaban para contarle sobre la vida privada de Luis, su ex, y todo lo que de él se publicaba en redes sociales y a su alrededor. Enfrentar cada comentario le estaba siendo muy complicado.

—Te pido, por favor —suplicó Emma a una de sus amigas—, que detengas la fluidez de tus palabras, no estoy interesada en tal conversación. Hemos decidido cerrar este capítulo de nuestras vidas. Ahora necesito que los demás respeten mi duelo, que entiendan y no indaguen. Necesito mi propio tiempo para sanar, y si tú, como amiga vendrás a tocar esta herida todo el tiempo, pues...mejor ni me llames, ni pases a verme y "querer distraerme".

Y es que muchas personas, luego de haber sido pareja deciden seguir siendo amigos, pero toman la decisión de no estar pendientes el uno del otro a través de otros amigos, familiares o de sus redes sociales, estas son el peor enemigo luego de una ruptura, y aunque le dejas saber esto a tus amigas, siempre existe una elegida que te llama para comentarte lo que está ocurriendo con tu expareja. ¿Cómo afrontarlo? Con valentía y dignidad, tal cual la vida misma.

Ese día, al irse mi amiga de casa —reflexiona Emma con ella misma—, entendí que no importaba encontrar respuesta de ¿quién decidió finalizar la relación y por qué? Sólo deseaba que el tiempo transcurriera en menos de doce horas el día, pues dolía y únicamente el cambio de estación "me curaría" ,o al menos me permitiría vivir nuevas experiencias. Observar sus redes para buscar la manera en que lo llevaba, no me lo devolvería. Mi objetivo era lograr estabilizar la paz de mi mundo; espiar y controlar, eso me lastimaba mucho más; así que... ¡A otra cosa mariposa!

Lo más importante es no engañarse uno mismo, ser feliz con cada una de nuestras propias decisiones, lo cual se hace desde el respeto a uno mismo.

No temas, te lo digo yo, en detener una conversación como la de mi amiga, no entretengas a nadie con tu desamor. Si te sientes mal, dilo, no tienes nada que demostrar sobre tu vida privada, esa es sólo tuya. Párales de buena manera, pero hazlo, si aprecian tu amistad respetarán tu decisión.

¿GRABARNOS MIENTRAS TENEMOS SEXO?

Alberto y Marta son una pareja que se disfrutan a toda leche y, grabarse mientras tienen sexo es algo que han comenzado a hablar, una aventura de lecho más.

—Sabemos que sentimos muy rico —le asegura Marta—, pero... ¿por qué no grabarnos, y luego con copa en mano disfrutar de nuestra propia película? Estoy segura de que hay cosas que con el calentamiento de ese momento ni nos damos cuenta de lo que hacemos. A mí me encantaría vacilarme, desde ese ángulo.

—Ya estaba pensando algo así, cariño —le responde Alberto con aquella mirada de deseo que hablaba con sólo mirarla.

Un par de noches después... la cámara estaba encendida frente a la cama y lateral del espejo. Ambos estaban muy relajados, la confianza entre ellos no daba pie a la duda. Comenzaron las caricias por debajo de la poca ropa que traían y se humedecieron tan naturales como de costumbre, allí no hacía falta ni saliva.

—¡Ay, Alberto! —exclama Marta mientras es penetrada con gran ansiedad, y a su vez le pregunta: ¿Cómo puedes follarme tan rico cada vez? No hay una fantasía entre nosotros que esté fuera de lugar.

Sigue amor mío, sigue mientras esa cámara capta nuestro momento más cómplice.

Un rato después; desnudos, sudados, risueños y con una copa de vino, disfrutaron extasiados de su premier.

Y es que cuando en una pareja, sin importar el tiempo que lleven juntos, existe conexión, la respuesta al placer no lleva ni rodeos, ni dudas, sólo atrevimiento y deleite.

¿SE INTIMIDAN LOS HOMBRES ANTE LA INVITACIÓN DE UNA MUJER?

A él le gusta muchísimo y ella lo sabe.

—¿Te puedo invitar a un café o una copa este fin de semana? —Ese fue el paso definitivo para que Paloma y Orlando tuvieran su primera cita.

Él nervioso, aceptó.

Aquel primer café de media tarde pasó a ser una cena, unas copas, una sala de baile y la primera madrugada en la casa de ella.

—Aquel día temblé —le comenta Orlando sobre aquella invitación a un café —Eres demasiado segura, me arrebatabas, pero temía. Me sentí intimidado ante dicha seguridad y eso nos pasa a muchos, y por tal tontería dejamos pasar muy buenas oportunidades.

Habría que dejarle saber a los hombres que no se sientan intimidados por esa mujer que les atrae, por el hecho de ser una mujer segura y exitosa. Llegar a ese punto cuesta, y no se nos puede castigar por ello dejándonos sin ese tipazo que también nos llama la atención.

Les aseguro que cuando una mujer invita a un hombre a ir por una copa es porque le atrae, y mucho, así que hombres, no sientan temor, ahí ya van con las de ganar. Ella también lo pensó antes, se asustó, pero lo calculó y sabe que entre ustedes todo está tan claro como el agua.

Julia y Pedro llevan saliendo con exclusividad hace un año. Cuando salen juntos, sea día entre semana o fin de semana, se quedan en cualquiera de las dos casas. Julia se lo ha presentado a su familia y a varios de sus amigos; lo contrario no ha ocurrido, y como consecuencia, Julia ha comenzado a pedirlo.

—El próximo Domingo no trabajaré, puedo estar disponible para el almuerzo con tus padres —le comenta Julia a Pedro, con tono "casual".

—No creo que este sea un fin de semana apropiado —le responde, firmemente Pedro.

—¿Qué tal para la fiesta de cumpleaños de tu amigo la próxima semana? Llevamos un año con exclusividad, pero casi tres desde que comenzamos a salir. Conoces a la mayor parte de mis amigos y a toda mi familia. Creo que eres un hombre excepcional en muchos sentidos, pero yo también soy una gran mujer, con muchas cualidades y de igual manera me queda claro que te gusto y vuelvo loco en la cama. No entiendo por qué me sigues escondiendo —replica enfadada.

—¿Por algún motivo sientes vergüenza de mí?

Durante todo este tiempo jamás he podido compartir con tus amigos y/o tus padres. ¿Es que acaso mantienes una relación paralela esos fines de semana en que no nos vemos? —reitera Julia.

Le puedes gustar muchísimo a una persona en la cama, pero ojo, puede que, aunque seas genial como ser humano sólo le intereses ahí, en la cama. Dos personas se pueden adorar, sexualmente hablando, pero sus intereses y/o proyecto de vida pueden no coincidir, al menos en ese momento de sus vidas.

Si uno de los dos sólo quiere buen sexo del otro, pues toca hablar y que sea lo que tenga que ser, pero crearle falsas expectativas a alguien nunca es bueno para ninguno de los dos. Al final del día, aunque se estén gozando rico en la cama, ambos están perdiendo su tiempo, y ese jamás regresa. Si nunca te incluye en sus planes y hasta te esconde, deja eso que pa'lante siempre hay más pueblos.

Hay frases "complicadas" de interpretar, y el "déjame pensarlo" de una mujer es una de ellas. Cuando decimos una frase como esa es porque ya tenemos la respuesta más que lista, pero no deseamos lastimar a la otra persona, o no queremos apresurarnos.

José conoció a Lucy en su nuevo trabajo. Desde el primer día que cruzaron palabras tuvieron buena química. Él, nada atractivo, incluso la misma Lucy, como todos los demás lo catalogaron como feo, muy feo.

Lucy jamás pensó que poco después serían pareja, pero...sucedió.

—Eres una mujer de grandes valores y te amo —le dijo al mes de estar saliendo —Vivamos juntos, le plantea José a Lucy, tres meses después de haberse conocido.

Hubo un silencio, y luego de varios segundos Lucy respondió—Déjame pensarlo (pero al instante supo su respuesta, sólo que tenía que organizar las razones a la hora de contestarle).

Algunas personas tardan más que otras en dar un paso como este, pero otras dicen estar seguros de sus sentimientos y su intuición, por tanto, no le dan mucha vuelta al asunto y deciden lanzarse, tal cual José.

Dos semanas después, José le pide a Lucy su respuesta.

—Creí que cuando más tardarías 48 horas —le dice mientras la mira a los ojos dispuesto a no irse sin respuesta.

—¿No te parece demasiado pronto? —responde Lucy—.Tendríamos muchos detalles que mirar y hasta negociar. Tú, tienes un hijo adolescente que vive contigo y necesita conocerme, y que nos sintamos cómodos el uno con el otro. Trabajamos desde casa, estaríamos 24 horas juntos y otros detalles que son importantes en la vida de cada uno. Necesito más tiempo, aún lo estoy pensando.

Lucy buscaba como formular sus argumentos sin herirlo.

—No soy un niño, si has necesitado dos semanas para llegar a esa vaga respuesta y aun así sigues necesitando tiempo para pensarlo, definitivamente tú no quieres —le replica José.

Lucy llevaba una buena vida; era una mujer muy independiente que nunca había querido tener hijos, a pesar de tener sentimiento maternal.

Siempre supo lo que quería o no en su vida, y negociar un cambio tan brusco por otra persona que simplemente le daba gran placer sexual, pero no mucha seguridad no era nada convincente para ella.

Las mujeres, que nadie se engañe, buscamos un buen amante, pero mucho más un hombre que nos traiga certidumbre a nuestra vida.

Hoy hemos hecho muchísimo cardio; es una expresión que algunos utilizan luego de haber tenido una intensa y fogosa actividad sexual, de esas que te dejan sin aire y con energía únicamente para dormir; que ricas son, ¿cierto?

Pero como mismo la energía física desgasta, la emocional, y el qué somos también lo compartimos y recibimos cada vez que nos liamos con alguien. Yo creo que de ahí sale esa frase de: Desde que estás con esa persona tu energía se ha ido, es como si te la hubiese chupado, o al contrario, has ganado luz desde que te juntaste con...

Mi hermana, pensaba Ana, me repetía una y otra vez que eligiera mejor mis proyectos (así llamaba a los hombres que mantenían una relación conmigo por más de seis meses) porque cuando nos penetran, decía, recibimos mucho más allá que la introducción de su pene por placer, intercambiamos energía mental.

Al momento de las relaciones sexuales somos una esponja que recibe más allá que una o múltiples eyaculaciones.

Aquellas palabras me sonaban tan exageradas, hasta que años después de mantener una relación monógama de algo más de ocho años con mi pareja anterior, entendí. Tengo un par de mejores amigas, que cada vez que encontraban una oportunidad, me manifestaban su preocupación respecto a la metamorfosis de mi personalidad desde el inicio de mi relación con Ricardo.

Ricardo, un hombre de fuerte personalidad, recto, seguro, algo amargado y muy buen amante, recuerdo que siempre me dejaba sin aire cada vez que me cogía (aclaro, no soy asmática), al menos así fueron nuestros primeros cinco años. Hoy me percato que efectivamente, muchos de mis pensamientos y mi actuar se modificaron a su gusto.

La energía personal sí se transmite, y por ende, la persona más débil de carácter cede a los antojos del otro todo el tiempo y adquiere, hasta cierto punto, su personalidad.

Yo era, recuerda Ana, alegre, positiva, jamás me dejaba ahogar por los problemas, siempre con ánimo de hacer mil cosas en un mismo día, y unos años después de vivir con Ricardo, sin motivo aparente, mi sonrisa se había ido de mi vida. ¿Qué me pasó? ¿Ricardo? ¿Tenía razón mi hermana?

Sí, lamentablemente mi hermana tenía razón, así que muchísimo cuidado con quién se tiene sexo, aunque sea por una única noche porque hay personas que desde que te dan la mano, un beso y se acercan a ti, transmiten su yo interior, y no siempre, aunque luzcan divinos acoplan contigo. No todo lo "bueno" les hace bien a todos.

¡CUÁNTA PRISA HAY!

Vivimos tan a prisa todo el tiempo que muchas veces nos cuesta disfrutar ciertos momentos y, las relaciones sexuales es algo que, muchas veces, no escapa de tal premura.

Mi amiga Marta, quien es amante del sexo por sus cuatro costados, conversaba hace poco el tema del apuro sexual conmigo. Es que, en estos tiempos, comentaba, tenemos relaciones sexuales placenteras, pero muy pocas veces hacemos el amor. Yo misma noto cierta diferencia con Alberto, estoy enamorada de él, lo sé, y no siempre, e imagino que eso no está mal pues mal no me siento, mi cuerpo palpa tal diferencia. ¡Qué cosa, eh!

Sonrío y le doy la razón. Es cierto amiga. En ocasiones es sábado nueve de la noche, al otro día no tenemos nada más que hacer que quedarnos en casa, comiendo y viendo Netflix, por citar algún ejemplo, y así y todo es: aquí te pillo, aquí te mato. Con el aquello de que se le para con sólo tocarte, olvidamos el pre.

Incluso, parejas que no viven juntas, llega el sábado, por poner esta situación que ocurre muchísimo, quedan en encontrarse, ya que no se han visto en toda la semana, llega uno a casa del otro, un besito, un mami que linda estás y a la cama; olvídate de una copa, de halagar tu ropa interior, la cual saliste a comprar para lucirte. Así son los hombres, jajaja. ¿Y qué me dices, cuando nosotras nos levantamos con el espíritu de limpieza? Ellos quieren montarnos, y los ves hasta esmerados para disfrutar y los matamos con el aquello de: "dale, dale que tengo que ponerme a limpiar y hacer mil cosas". También los matamos.

La versión que más "me gusta" y que no soporto es cuando vas a una primera cita, y la otra persona, luego de un par de tragos te dice: De veras que estás para hacértelo todo, ¿nos vamos a tu casa? Total, esta vida se vive sólo una vez. Es como para responder: Sí, estoy para que me pongan lavadora, me cocinen y demás tareas, ¿quieres aún ir a mi casa? De veras que a veces es horrible que veamos el tener sexo como una tarea más del día.

¿CUÁNDO ES EL MOMENTO IDEAL PARA IR A VIVIR CON TU PAREJA?

Hay frases que en ocasiones suenan como música en los oídos. Pero es importante tener claro que hay música para escuchar, algunas para bailar y otras para dejar que el viento se las lleve.

John le propuso a Di vivir juntos, ambos contemporáneos, trabajadores, responsables, gente tranquila y sin vicios, cada uno tenía un hijo y estos se llevaban de maravillas.

Vivir con otra persona, en plan marido y mujer, no es una decisión que deba tomarse a la ligera y más cuando existen hijos de matrimonios anteriores. El tema merece un stop en ambas vidas para ser conversado con calma. No estamos en Cuba (allí nació Di y vivió sus primeros 30 años), donde como dice un amigo, uno no tiene absolutamente nada que perder, y por ende te vas a vivir con el novio de turno a los quince días si su casa es más cómoda que la tuya, y si a los tres meses no salió bien, pues el agregado se va a su casa y listo, aquí no ha pasado nada; argumentó Di, como primera respuesta, dada por su experiencia de vida.

Ambos viven ahora en Florida, USA, allí se conocieron. Cultura que te muestra en la práctica que todo acto tiene consecuencia y que cada uno es dueño de sus propios actos.

—Me siento halagada, pero ¿cuánto ha pasado, dos meses? La idea suena bien, pero...

—¿Pero...? —repite John.

—Perderemos toda intimidad, aún no me has visto 24/7, como cuando estoy en los días del período.

—Esos días son una bendición de la madre naturaleza —respondió John sin titubear.

El período puede no ser lo peor, tal cual afirma John, pero te visualizas abriendo espacio, ¿más allá de tu cama con esa persona? No es lo mismo un fin de semana que 24/7, 365 días del año.

—John— lo llama por su nombre y no con una palabra típica de afecto porque el tema lleva seriedad. De vivir juntos, la fidelidad es el primer punto para tener en cuenta; lo aclaro porque en estos tiempos se ha ido por el caño, y yo sí la quiero.

El tema económico es obligatorio hablarlo, se puede estar enamorado, pero se necesita ser realista. La escuela de los niños. El irnos de fiesta una vez al mes, ver Netflix en pijamas los domingos, las tareas del hogar.

No sé, bueno, sí sé, son tantas cosas que ahora mismo no se ven, pero que...su tono es entusiasta pero preocupada. ¿No te parece muy pronto, dos meses y ya, a vivir juntos?

—¿Dónde firmo? —le dice John mientras la abraza.

Irse a vivir con otra persona es conocer su lado más oscuro, y aquellos lados no muy bonitos como cuando se rasca los pies o se sopla la nariz en la ducha, algo que te pone de muerte, por poner sólo un par de ejemplos.

—Viviremos situaciones que nos harán reír a carcajadas y en otras nos halaremos el pelo para no lastimarnos—le dice John. —Porque nos queremos, lo sé. Si no, no tuvieses tantas preguntas en tu cabeza con esa sonrisa en los labios que me deja saber que deseas lo mismo que yo. Acostarte en las noches y levantarte en las mañanas a mi lado.

Puede que John y Di no hayan sido la pareja "ideal" para otros tras largos noviazgos, pero, la vida es así. Lo que a unos no les funciona en años, a otros en meses le sirve para toda la vida.

¿ES EL SEGUNDO ENCUENTRO SEXUAL CON UNA MISMA PERSONA, MEJOR QUE EL PRIMERO?

¿Sabes qué? Hoy fue mucho más delicioso —le dijo Paloma mientras iba por agua, la necesitaba, él le había sacado todo.

Él la llamó descarada y agregó:

—Quien te ve tan menudita piensa que no rompes un plato, cuando la realidad es que dejas a cualquiera sin vajilla. Eres tremenda chiquita.

Sucede mucho que un primer encuentro sexual, sea planificado o espontáneo, no resulta ser el mejor, el más duradero, intenso o calentón, como prefieran ustedes.

Paloma y Orlando, se conocieron un par de meses atrás y la primera noche que salieron se fueron a la cama, la química entre ellos fue instantánea. Cenaron, bebieron, bailaron como si estuviesen solos en aquella sala de fiesta muy de moda en la ciudad.

Al salir de allí, algo bebidos, para no decir borrachos, tomaron un taxi y se fueron a un hotel a dar lo mejor de sí, sexualmente hablando, se deseaban y mucho, ambos lo tenían claro.

Lo cierto es que lo disfrutaron muchísimo, acoplaron de maravillas, y a pesar del grado de alcohol recordaban el placer que se habían dado uno al otro. Por tanto, siguieron comunicándose y hubo una segunda vez.

Esa segunda ocasión, según ambos, fue una de las mejores noches que en un par de años habían vivido con cualquier otra persona. Hubo mucho descaro, y con esto me refiero a cero pudores, esto es lo que mejor funciona cuando dos personas van a la cama.

—Conectamos desde el día uno, asegura él. Ambos vemos al sexo como un acto divertido donde la gente no se avergüenza si es más flaca, más gorda, tiene mejor culo o si alguno tiene celulitis. El éxito de nuestros encuentros sexuales, además de otras cosas, opino, es que estamos conformes con nosotros mismos. Nos gustamos, somos felices con lo que tenemos, amén de que estás muy rica y follas riquísimo: palabras textuales de Orlando hacia Paloma. La verdad no sé cómo lo haces. Es cierto que hay personas que sin aparente explicación, encajan desde el minuto uno.

Paloma y Orlando, se veían cada semana y, cada encuentro era más intenso que el anterior. Luego de un par de veces más comenzaron a quedarse en la casa de Paloma, a ella no le gustaban ni los hoteles ni las casas ajenas.

Cada vez se excitaban más que el fin de semana anterior, se mojaban, se cogían de todas las maneras posibles que un hombre y una mujer pueden hacerlo en cada rincón de la cama y de la casa, y en consecuencia natural, ambos se venían en múltiples ocasiones. Armonizaban de una manera increíble, no sólo desnudaban sus cuerpos, si no también todo el sentir que llevaban dentro y mientras más practicaban, mejor les quedaba.

El sexo hay que vivirlo, a mi entender, con toda desfachatez.

VOYERISMO

Un poquito más, un poquito menos, pero a todos nos gusta echar un vistazo a esa otra persona que tanto nos gusta y excita. Sin embargo, es muy diferente mirar con la baba caída cómo se quita la ropa nuestra pareja al hecho de acostumbrar prácticas voyeristas. La diferencia radica en el consentimiento o conocimiento de la persona observada.

Manuel le contaba a su mejor amigo que se consideraba una persona voyerista. Estaba dispuesto a buscar ayuda, pero tenía la convicción que prefería hablar con un buen amigo que no con un psicólogo.

—Sonará raro e ignorante, pero para mí, ellos—refiriéndose a los psicólogos—lo hablan todo más para adelante cuando están entre ellos.

El voyerista es aquella persona que se dedica a observar a personas desnudas, una escena sexual a cierta distancia, todo ello a escondidas, a través de pequeños agujeros, cerraduras u algo así, en palabras peyorativas se traduce al mirón, a lo que en ciertos países llamamos tirador.

Sin embargo, esta conducta no implica ninguna actividad sexual posterior por parte de la persona que observa, aunque el riesgo de ser descubierto ejerce como potenciador de la excitación, de ahí que el voyerismo sea acompañado, en ciertos momentos por la masturbación.

—Hermano —así llama Manuel a su amigo —Yo he leído aquí y allá sobre el tema para intentar entender y remediar esa parte de mí, y según he interpretado, el trastorno voyerista es una de las parafilias más frecuentes y tiene una incidencia mucho mayor entre los varones.

—¿Y... cuándo es considerado un trastorno? ¿Cómo tú sabes que ya llegas ahí? Pregunta con tono de preocupación su amigo.

—Hermano, te estoy diciendo que he leído al respecto, vamos que necesito me lleves pa'tu casa, me vendes los ojos y me amarres las manos para ver si curo esto, dice en tono burlesco Manuel.

—Según especialistas —le comenta Manuel —el voyeur pasa mucho tiempo buscando ocasiones para observar.

Como resultado, pueden descuidar aspectos importantes de su vida y no cumplir con sus responsabilidades, en fin, es cuando precisamente el voyerismo llega a ser el método favorito de actividad sexual de esta persona.

Imagina que, según recuerdo, en Reino Unido y Canadá, el voyerismo es clasificado como delito sexual y aquí, en Estados Unidos , es una práctica penalizada, dime algo...

—Manuel, lo mejor, creo yo, es buscar tratamiento con psicoterapias, grupos de apoyos, ellos te van a ayudar mejor que yo. Deja la tontería de si el psicólogo habla con otro. Ya rompiste el hielo conmigo, pues ahora vamos, yo te acompaño a visitar un especialista.

De pequeña aprendí que lo ajeno no se toca, y de adulta descubrí que encamarse con un hombre casado es peligroso hasta para tu autoestima, porque esos te esconden todo el tiempo.

Ana, sin proponérselo, se convirtió en la tercera persona dentro del matrimonio de su cardiólogo, un especialista que no necesitaba pero que conoció a través de su madre (era su médico). Todo con aquel hombre era pura adrenalina, le emocionaba tener que "jugar a las encondidas" y contarle a su mejor amiga lo bueno y divertido que era el sexo con un hombre unos añitos mayores que ella y casado. Lo mismo tenían sexo en un hotel que en una sala de consulta del hospital donde trabajaba él.

—¿Nos vemos el sábado en la noche en aquella sala de fiesta que tanto está de moda? Incluso, no tienes que preocuparte por si estás en lista o no porque yo, ya lo estoy y puedo llevar a más de una persona, está confirmado, le dice Ana a su nuevo amor.

—¿Sábado en la noche?

—Sí, dije sábado, en vez de encontrarnos en la casa de Di —su mejor amiga, quien incluso vivía en el mismo barrio que el doctor —pues, nos vamos de fiesta.

—¿Sábado en la noche? —repitió el doctor.

Su tono le dejó claro a Ana que de la cama de un hotel, la casa de su amiga o la silla de un hospital no pasarían. Ese día se percató que ella era la otra, la que debía ser ignorada en público, y la mujer a la cual montaban para derramar la leche almacenada bajo un matrimonio fallido en el placer, pero seguro sobre los hombros.

Días después, él pide verla. De alguna manera le tomó cierto afecto, no quería dejarla ir de su vida como otra de tantas.

—Ana, eres una mujer muy inteligente. —Le dijo —Supe, desde que te conocí que yo sería la aventura que aún no habías experimentado en tu vida. Tu mejor decisión es esta, terminar lo que tenemos y te deseo que jamás vuelva a ocurrirte. Lo mejor de ti es tu egoísmo, ese te cuida y cuidará de cualquier otro hombre que lo único que busca es salir de los problemas de casa por un rato mientras tiene sexo fuera de su cama matrimonial.

No mereces ni que nadie te oculte, ni que tengas que estar disponible sólo cuando a alguien se le antoje. Mi intención es continuar mi matrimonio, aburrido, pero confiable. Alejarte de mí, es un buen negocio para ti.

El mundo está lleno de posibilidades, y quedarme con el doctor era muy mala elección. Me alejé y hoy, años después confirmo que fue la mejor decisión. Somos buenos amigos, sólo eso.

¿GASTAN MUCHO LAS MUJERES? ¡NAH!

Los hombres siempre se quejan de lo que gastamos las mujeres. ¿A qué sí? Jajajaja.

¡Como tú pides, como tú necesitas cosas! Nos dicen. ¿Para qué otro vestido, de nuevo las uñas, que de malo tienen esos bolsos que ya necesitas otro? Preguntan una y otra vez. Todo eso sin importar que tú puedas ganar más que ellos, es algo que está en su naturaleza.

Los hombres dicen que nosotras gastamos, pero ustedes, hombres, exigen belleza.

Los hombres son visuales, los atrae, les emociona, genéticamente hablando apreciar la belleza femenina. No hay hombre que se resista cuando su mujer se arregla diferente al resto de la semana o que cuide su aspecto personal.

En ocasiones, por responsabilidades de la vida adulta normal, las mujeres priorizamos a nuestra familia en todos los aspectos, y justo ahí es cuando comenzamos a pasar por alto nuestro cuidado personal, los demás nos necesitan en casa y no "encontramos" el tiempo para nosotras, y luego de un tiempo, ocurre frecuentemente, hasta ese hombre que tanto nos ama nos reprocha el poco interés que ponemos en nuestro cuidado. Frases como: "siempre en zapatillas, chanclas y pijama por comodidad, en fin…"

A los hombres les gusta que la mujer sea coqueta y se quiera ver bien para ella misma, por tanto, el gastar es para complacernos de ambos lados. Es inherente.

A las mujeres nos encanta llegar a un sitio y que nos halaguen, disfrutamos pavonearnos, así que: hombres, por favor, no nos peleen tanto por el gasto, es parte de nuestra naturaleza humana y a ustedes se les ilumina la vista cuando ven el resultado.

Todos hemos tenido una vida antes de conocer a nuestra pareja actual, hemos mantenido relaciones sexuales y de pareja con otras personas y siempre que conozcamos a alguien en plan romance debemos entender lo anterior, sí o sí, para evitar ruidos raros y poder seguir adelante con éxito esta nueva aventura.

Las mujeres, en muchas ocasiones, pecamos de querer sacarles toda información a los hombres, que el hombre nos cuente toda su vida en un mes, incluido hasta el más sórdido de su secreto.

Todos guardamos algún secreto, no tiene que ser nada grave, pero es algo que es tuyo y de nadie más, pues como decía uno de mis abuelos, todos tenemos un lado oscuro, todos guardamos algún secreto personal y comenzando una relación nadie llega y le cuenta toda su vida, detalle a detalle a una persona y, si lo hace, cuidado porque lo que ahora te parece totalmente inofensivo mañana puede ser usado en tu contra. Eso no falla.

No hay que apurarse amigas mías, se los dice una impaciente. El propio paso del tiempo saca todo a flote, absolutamente todo, hasta lo que no imaginas.

Eso sí, es necesario tener en cuenta que para lograrlo, hay que mantener buena comunicación, de ahí parte todo: del respeto, la confianza, generosidad y la sinceridad.

He aprendido que es importante tener en cuenta, que si tanto se pregunta sobre el pasado, un día se puede conseguir una respuesta que no sea de tu agrado y entonces algo puede romperse, aunque no tenga que ver con tu presente. Todo tiene su flow, no hay que apresurarse, ni forzar nada con preguntas incomodas.

Una de mis abuelas decía: No preguntes, no cuentes más allá de las situaciones que la vida te ponga enfrente. En estos tiempos modernos, en los que viven ustedes con tanto apuro, la gente está como en la vida, de pasada; nadie se queda, todos se van, y lo que cuentes, al irse se va con ellos y como tanto dicen en las películas norteamericanas: Todo lo que digas puede ser usado en tu contra. ¡Cuidado!

La sexualidad de las personas encierra comportamientos, hábitos, costumbres alrededor de su propio sexo y orientación sexual, de ahí que sea un tema de conversación tan recurrente entre amigos. No se agota.

La oración de "necesito espacio" significa, que nadie se engañe, que se quieren zafar de ti. Necesito espacio, dame tiempo para alejarme a ver que siento cuando no estamos juntos.

¡Por favor!

Yo lo he hecho, ahora mismo no recuerdo a quien (igual ese no es el punto), pero lo he hecho. Ahora, tengo una amiga a la cual se lo han dicho, luego de seis meses de noviazgo, me ha pedido mi hombro y mi respuesta ha sido: ¿Llorar qué? A quien pida espacio, ábrale la puerta, muéstrale cuánto espacio hay y adiós.

"Dame espacio", opino yo, es una frase que encierra incertidumbre para quien la recibe.

¿Dónde buscas más espacio, en nuestra cama, en tu vida profesional, personal, con tu familia, a la hora de hacer deporte, quieres espacio a la hora de hacer compras, para salir con tus amigos, beber una copa o de mí? Ilumíname.

—En ocasiones la culpa no es de una u otra persona, pasa mucho que la comunicación se pierde, ya todo el mundo va corriendo de un lado a otro y todos van dejando las cosas pasar hasta que...todo se pierde. Conversa con la otra persona, dile lo que realmente te inquieta.

—¿Tendrá otra? —pregunta que repetía Ana, una y otra vez.

—No creo que sea eso, a los hombres enseguida se les nota cuando andan en otra cosa por ahí. No siempre esa tiene que ser la razón.

—¿Cuál entonces?

—Tendrás que hablar directamente con él, quizás, casi siempre sucede, no quiere ser directo, pero pregúntate ¿qué tiempo estás dispuesta a darle a ese espacio? ¿Has pensado en eso? ¿Estás dispuesta a esperar y aceptar su regreso, si es que lo hace?

—Yo creo que si una persona no tiene el coraje de decirte en la cara lo que verdaderamente siente, pues al carajo y punto. Seis meses de noviazgo es nada, aún están descubriéndose y gozándose y si ya busca espacio, es porque quiere romper. Un fin de semana te lo regalo, una semana te estás pasando. Todo el mundo tiene su tiempo, pero tampoco vale la pena esperar por alguien que en plena luna de miel te pide espacio.

—¿De veras?

—Ni te sientas culpable, ni te castigues —le digo a Ana—. Ya sabes, a quien pida espacio, le abres la puerta y adiós.

¿Existe un horario ideal para tener relaciones sexuales?

Algunos dicen que la mañana, otros que la tarde y muchos que la noche. Yo digo que cualquiera es bueno para ello.

Marta es como yo, ella deja por sentado que cuando nos gusta y deseamos tanto a nuestra pareja, pues toca disfrutarla a la que hora que sea posible y no a la del manual que dice: "Se coge en las noches antes dormir".

La vida adulta es súper ajetreada y llena de constantes conflictos, por tanto, el momento ideal es cuando la oportunidad se nos dé. Más bien, en las noches estamos que no valemos un centavo y lo mejor que podemos hacer es dormir.

Alberto siempre se despierta antes que ella, y lo hace con una muy espontánea erección, la cual jamás Marta rechaza. Así empieza ella su día, húmeda, penetrada, complacida, mojada y muy sonriente. Excelente combinación para enfrentar el día.

—Me encanta que llegues a tu oficina justo con esa sonrisa —expresa Alberto—, así cuando me conozcan, dirán entre ellos: Ese es el semental que la tiene tan bien alimentada y feliz.

Ambos sueltan una carcajada.

Para ellos lo ideal es montarse uno sobre otro, les da igual la hora, y si es una cama, la cocina, la ducha, el balcón, el lunes, el domingo, la mañana, la tarde o la madrugada. Sienten demasiado deseo el uno por el otro.

El sexo no está sobrevalorado. Practicarlo es el mejor ejercicio aeróbico que podamos tener, el mejor antiestrés con el cual se queman calorías y se agarra una vitalidad increíble. Practiquémoslo a la hora que podamos, siempre vendrá bien.

El ser humano suele estar en constante búsqueda de placer, y para alcanzarlo intenta todo o casi todo, como dirían algunas personas, o muchas locuras como dirían otras.

Frank, a quien conozco muy de cerca y desde todos los ángulos, es un hombre con múltiples "secretos", técnicas, posiciones, sin horarios, con sus propios métodos, y estrategias para tener un delicioso sexo. Él es de esos hombres que te hace lo que sea que te guste para satisfacerte; asegura que su mayor excitación radica en ver lo que sus amantes gozan.

—Terminar cada encuentro sexual contigo, le decía, es complacerse con un orgasmo de verdad, de esos que te sacan hasta el aire y en los que exclamas: ¡Dios existe! Pero si algo he ido asimilando, a medida que he ido practicando este tema de las relaciones sexuales, es que ese sexo inmejorable va más allá de la atracción física, es distinto cada día y con cada persona. No todos los cuerpos conectan de la misma manera, incluso aunque se sienta una gran fascinación física.

—Tú y yo nos entendemos muy bien. Tampoco daba yo tan buen sexo —sonríe al decirlo—, unos quince años atrás, y si a eso le sumas tu libertad sexual y la confianza que tenemos, pues, exactamente como dices...Dios existe. Créeme cuando te digo que no con todas las que tengo relaciones sexuales disfrutan igual, aunque priorice su deleite, me conoces.

—¡Pues sí! Igual, hay personas que continúan pensando que únicamente la penetración es sexo y la única manera de conseguir placer.

—Te lo dejo saber para el futuro, que en la actualidad existen técnicas mínimas nada invasivas o quirúrgicas que ayudan a muchos a alcanzar un óptimo placer sexual, como el rejuvenecimiento vaginal y otros procedimientos que se hacen de acuerdo con la necesidad de cada persona. La sexualidad nace y muere con la persona, el sexo no tiene edad, todos, absolutamente todos podemos disfrutar del mismo sin importar el número de años que hayamos cumplido. Romper toda barrera mental es importante.

Yo creo que comentarle a tu pareja sobre tus deseos, gustos y fantasías es muy favorable para lograr una humedad orgánica.

No hay que tener pudor alguno con esa otra persona con la cual vas a la cama cada noche, o con la cual llevas noviando varios años, con esa no se piensa, simplemente sucede; y si no se da espontáneamente, cambia de pareja pues el sexo, como la vida, no se vive a medias. Es con mucho desparpajo como mejor se disfrutan las relaciones sexuales placenteras.

¿Cómo reaccionar ante un te amo?

Daniela, es una persona extremadamente responsable para con la vida, pero un poquito inmadura en el amor, así la cataloga su mejor amiga. Ella llevaba sólo un mes saliendo con Diego cuando un sábado en la noche camino a la licorera del barrio, él en plena calle, parados en una esquina, esperando que cambiara la luz del semáforo, la abrazó y le dijo: Te amo.

Ella respondió con una mueca, como quien busca sonreír para agradar, pero con el deseo de salir corriendo de aquella situación. Un par de semanas después le devolvió la frase con un: Yo también te quiero; sabía que no significaba lo mismo, pero de otra manera no le podía corresponder.

Ella, en el fondo, le creyó, pero no sentía lo mismo.

Te amo, en una pareja no es una frase que todos toman a la ligera. Todos no reaccionan de la misma manera. Yo sé que hay sentimientos difíciles de ocultar y/o controlar, pero ir por las esquinas soltando los te amo, pues...algo inapropiado, como dice Daniela.

Su reacción, quizás fue un poco atípica, pero tampoco se le puede culpar por no devolver una frase como esa si no la sentía. El amor es algo que lleva tiempo, no creo que sea de un mes.

Mentir para "no dañar" al otro, es lastimarlo aún más cuando descubra esa piedad.

¿Cómo descubrir y emplear el sexo tántrico? Es una interrogante a la cual se le encuentra mucha información, pero como cada persona y cada pareja es un universo, que no mucho tienen que ver, este puede llevarse a cabo de maneras diferentes.

Tengo entendido que es una filosofía de vida con más de 4 mil años de antigüedad, que utiliza la energía sexual para conseguir una conexión especial. Según cuenta Marta, el tantra no tiene como objetivo principal llegar a la eyaculación, no señor, sino que busca disfrutar a plenitud de cada momento del sexo, de una manera más profunda de lo que hacemos los simples mortales.

Esta es una filosofía, según me explica Marta, y yo entiendo, enfocada en alcanzar el éxtasis, donde lo principal es aceptarnos tal cual somos. Todos somos perfectos, he aquí uno de sus beneficios, pues al estar felices con nosotros mismos, la vida sexual mejora, se amplía, se vuelve sabrosa, comienza la armonía, la comunicación fluye, la confianza con nuestra pareja se vuelve mágica, esta última palabra es su favorita cuando habla del tántrico, y por tanto todo se vuelve más intenso, lo cual vale destacar influye en nuestra vida intelectual, añade ella muy convenientemente pues ella lo es.

En fin, según he entendido, los Occidentales tenemos nuestra propia versión del Tantra la cual pierde relevancia espiritual y asociamos más al cuerpo y a la carne (muy yo), por tanto, muchos miran el tantra como una técnica para mejorar solamente su vida sexual. Por su parte, el hinduismo destaca que las energías masculinas y femeninas se integran a través del tantra, mediante la cual se alcanza el placer total, técnicas de relajación y respiración vinculadas al tantra que se aplican al erotismo, y entonces se conocen como sexo tántrico. Es una práctica donde se consigue estimular la iluminación de la conciencia, y por tanto nos sentimos mejor y hasta con más vitalidad.

Marta es apasionada del tema, siempre me dice que ayuda más de lo que puedo imaginar en nuestra intimidad porque se vive el momento presente, uno se olvida de todo, de mañana y pasado, el tema es aquí y ahora. Con el sexo tántrico, añade, se acondiciona el espacio, la luz, los olores, incluso la comida, importante saber controlar la respiración, disfrutar de los besos, caricias y todo lo que nos ayude a estar relajados al cien, sólo confiar en el otro y dejarse llevar.

Yo por mi parte lo encuentro encantador en teoría, pero en la práctica...no sé, no lo veo en mí, al menos por ahora y al final no tiene por qué serlo. Total, todo no tiene que ser para todos, ni servirle igual a todos. ¿A que sí?

¿Cuántas veces a la semana deberíamos tener relaciones sexuales para parecer "normal"? Es una pregunta que se hacen muchos, por años, desde el momento en que su vida sexual comienza a ser activa.

"Normal" entre comillas, pues ¿qué es lo normal y para quién? El sexo es como la comida, se consume para cubrir una necesidad fisiológica que al final debe provocar placer.

Luego de su separación, Ana no encontraba respuesta para ese tema. El sexo fue un aspecto que poco a poco se fue apagando. Durmieron, por meses en la misma cama, bajo la misma sábana, pero entre ellos, un témpano de hielo, así me contaba antes de tomar la decisión final de separarse.

—No entiendo qué nos pasó y cuándo ocurrió, teníamos tanto en común, nos llevamos siempre tan bien, nos gustábamos. Yo siempre lo complacía, aunque no me gustara algo lo intentaba y quedaba satisfecho. Bueno, al menos eso creía yo, decía Ana.

El sexo no es un deber para cumplir, el deseo por otra persona debe llegar de manera espontánea, el cuerpo habla por sí solo, no es algo que se pueda o que se deba forzar.

—Amiga mía —así la llamaba cuando necesitaba que abriera sus entendederas —lamento decirlo, pero estabas viviendo el sexo como empleo de oficina, donde cada proyecto tiene horario y fecha en el calendario, donde le tienes que demostrar a alguien tu valía. Lo adecuado y normal, es según cada persona y cada pareja. La frecuencia, creo yo, con la cual tener relaciones sexuales, ya sea sexo casual, dos veces al día, en la madrugada, el mediodía, en la tarde, en la cama, el sofá, la ducha, una vez al mes, o los siete días de la semana, depende de dos y fluye, en ocasiones hasta con una sonrisa. Cada uno siente y disfruta de manera individual.

Yo siempre digo que comemos y nos duchamos todos los días, entonces, si partiera de ahí, pudiera decir que las relaciones sexuales deberían practicarse con la misma frecuencia, pero ¿sabes qué? , no. El sexo no tiene manual de reglas y ese es uno de sus encantos.

El sexo adecuado y normal depende de muchos factores, pero el primero viene dado por el deseo que sienten ambas personas. Ahora, la frecuencia varía de acuerdo con la situación de ellos. ¿Pero por obligación? ¡Jamás!

El sexo, hasta rapidito es intenso, porque cuando tu pareja te atrae siempre surge, y si jamás surge, pues...el divorcio. Las parejas son parejas por muchos otros aspectos, pero todo empieza y se complementa por el sexo.

¡Ay, que cochinos! Así dicen algunos cuando le hablan de rociarles orine sobre su cuerpo mientras están teniendo sexo. Otros se excitan tanto que hasta la piden.

Frank es un buen amante, de esos que algunas mujeres llaman loco. Él disfruta muchísimo, el juego de roles dominante–dominado, y la lluvia dorada, es decir, que lo orinen, hagan pipi sobre su cara le resulta tremendamente excitante. ¿Cuál es su gracia? Bueno, para gustos, colores, y cuando dos personas tienen confianza, pues...se complacen el uno al otro sin explicación, digo yo, que, aunque no me gusta que me lo hagan, si disfruto hacérselo a Frank; y dejo claro que una tampoco le ha hecho, o le hace esto a todas las personas con las cuales ha tenido ni tiene relaciones.

¿Dónde practicarla? Me preguntaba una de mis amigas, pues en la cama como que no. La bañera es ideal, ese es nuestro único y favorito sitio. Otros, según he escuchado, prefieren directamente en el suelo y/o superficies fáciles de limpiar.

Al final del día, no sean tan pulcros, el sexo, como todo en esta vida puede ser negociado y debe ser aprobado por ambos, y así muchas fantasías pueden ser vividas. Usted no juzgue y abrase al placer.

Cuando dices en alta voz la palabra impotencia, muchos hombres hacen toda una pausa antes de decir: Eso a mí no me sucede. Les cuesta aceptarlo, al menos a los que aún no llegan a los sesenta años. Porque sí, hay quienes en sus treinta lo son, que nadie se asombre.

El padre de uno de mis ex, quien ya incluso pasa los setenta, me contaba que tenía que habérsela colocado antes, eso luego de ver la maravilla que podía hacer casi todas las noches con su esposa, quien no mucho, pero si algo más joven le daba uso casi todas las noches, luego de más de cuarenta años de matrimonio. Este es un matrimonio que mantiene una vida sexual bien activa, hay que verla a ella como lo cela y lo cuida, pero...volvamos a la famosa bombita. Mi exsuegro me contaba, que él era consciente de su disfunción eréctil, que él mismo le pidió a su esposa visitar un médico y hacer todo para colocársela, pues él quería seguir siendo su bombero.

—Mira mija —así me decía—, la bombita sexual no es más que un dispositivo que se adapta a cada paciente, el cual se implanta quirúrgicamente para que este pueda lograr la muy querida y necesitada erección cuando así uno lo desee, la cual, te lo digo yo, se da de manera muy espontánea. Nuestra vida volvió a ser la de antes, y te diría que...y sonrió.

Muchos hombres prefieren evadir este tema, lo cual los ha llevado hasta el divorcio, es como si su hombría terminara el día en que no pueden disfrutar de una erección natural y, los logros de la ciencia no se deben negar.

—Te voy a decir algo —me contaba él—, luego de esto yo no he tenido limitaciones en ninguna de mis otras actividades físicas. Y sobre su uso te confirmo que es muy fácil de usar. Nadie se entera si no le cuentas pues va oculta dentro del organismo. Tiene un botón de inflado y un botón de desinflado, el cual ofrece una imitación más certera en relación con las erecciones normales, porque puede inflarse completamente, así como desinflarse. Dime, ¿qué más quieres saber?

—Pero...desventajas, ¿te dijeron los médicos o has experimentado alguna? —le pregunté.

—Bueno mija, todo tiene su técnica, tú sabes —me respondía mientras sonreía—. Requiere de cierta destreza manual. Dicen que existe un pequeño riesgo de infección, a mí aún nada me ha ocurrido y está la posibilidad de que se presenten fallas mecánicas, recuerda que es un objeto, pero te digo, a mí de maravillas, bueno...a los dos, refiriéndose a su esposa.

Si tú conoces a alguien que esté viviendo disfunción eréctil, dile que no pasa nada, que no sienta vergüenza en hablar, que visite un especialista, y si es necesario pues que se implante. La ciencia está para ayudarnos.

¿CUÁNDO HA SIDO LA ÚLTIMA VEZ QUE HAS TENIDO SEXO?

El tema de tener confianza es una cosa, pero preguntar absolutamente todo es otra. La confianza, yo creo, se va ganando con el tiempo, no llega de sopetón.

Tengo una amiga, Ana, la misma de las historias anteriores, que quedó tan choqueada luego de su última relación estable, que aún, luego de un año de haber terminado aquello le parecía que era insuficiente para cualquier hombre y más que disfrutar al que llegaba, pretendía que se convirtieran en sus novios exclusivos de una semana a la otra, y cuando así no ocurría, llegaban las interrogantes.

—¿Le preguntarías a la persona que estás viendo y teniendo sexo hace un par de meses, cuando fue la última vez que ha tenido relaciones sexuales? Teniendo en cuenta que por un tema o por otro no pudimos quedar durante el último mes.

Mi respuesta inmediata, sin respirar ni titubear fue, NO.

—Ay, chica, yo lo hice —me respondió ella.

—Yo creo que mi orgullo no me permitiría preguntar —le decía—, y la otra parte está en saber, antes de preguntar, si estás preparada para la respuesta. ¿Estarías realmente dispuesta a recibir un golpe de sinceridad sin que te afecte? Teniendo en cuenta que tienes dos posibles respuestas ya que lo que ustedes tienen es algo físico, por lo que me has contado durante estos meses, no pasa de ahí.

—Llevas razón —Ana me respondió con un tono inconforme—. Hablándolo ahora contigo y en voz alta me haría lucir con cero autoestimas, y más que una pregunta curiosa suena a un cuestionamiento.

—Todo tiene su momento, ya te lo he dicho Ana querida. Lo mejor es disfrutar lo que está sucediendo, ese mismo flow te dirá por y hacia dónde van las cosas sin necesidad de preguntar. ¡Respeto, por favor!

¿FINGEN ORGASMOS LAS MUJERES?

Esos días en los que a veces ese hombre lleva sólo un par de minutos sobre ti y estás deseando preguntarle, ¿cuándo terminas?, pero decides hacer un par de sonidos, soltar alguna frase "cochina" , de esas que sabes le gusta para que sienta que está dándolo todo de la mejor manera y así termine. Porque sí, hay días en el sexo donde muchas fingen y pocas (casi ninguna) lo admite. Las razones son múltiples y no siempre es porque ya no le atrae su pareja.

Esa pregunta me la hizo mi amigo Pedro, a lo cual respondí que no todos los días nos comemos nuestra comida favorita de la misma manera, más bien a veces ni nos apetece, pero como se espera que la disfrutemos, y tampoco queremos que la otra persona se sienta mal, pues...se es cordial. No significa que se está molesta, simplemente no deseamos y punto, puede que tengamos alguna preocupación y no la queremos hablar.

—A veces, tal cual le sucedió a mi amiga Ana en los últimos tiempos, se tiene para complacer a la pareja, lo cual se convirtió en una rutina muy negativa y nada recomendable.

—¿Cómo saberlo? —pregunta preocupado Pedro.

—Bueno, amigo mío, algo primordial es conocer a tu pareja y sus momentos, igual es normal sentir que el pulso y la respiración se acelera, eso se siente fácil, la piel algo se sonroja y no se puede negar la relajación y sonrisota del rostro.

Ambos soltamos una carcajada.

—Si te está pasando habla con ella. Si algo está mal entre ustedes, pues toca afrontarlo, igual busca alternativas como los juegos y juguetes sexuales, tú nunca sabes. Alarga el pre. Enfócate en disfrutar, y si la cosa va más allá, pues busca ayuda. No hay que avergonzarse por ello.

He vivido en La Habana, Madrid y en los últimos años en Miami, y de estas tres ciudades, sólo en una de ellas y una sola persona de fe cristiana, me ha confirmado llegó virgen al matrimonio, el resto de los mortales que conozco, incluida yo, ninguno, porque en el mundo occidental, al sexo se le otorga importancia.

Algunos de nuestros abuelos se casaron sin conocerse, la mayoría sin haber tenido relaciones sexuales, sin haber tenido roce alguno y teniendo que aprender a quererse porque sí. Pero en este siglo XXI, las personas se conocen mientras tienen sexo.

Marta y Alberto son de esas parejas que conozco que sí tienen al sexo como su prioridad.

—Aún no sabemos si nos casaremos o no, me dice ella, y no voy a esperar llegar allí para conocer sus vicios y estar segura de que los adoraré. ¿Cómo pensar vivir en un matrimonio para toda la vida sin antes haber explorado lo que para toda la vida me dará supuesto placer? Sí, porque a la hora que comience la jodedera con la familia, el trabajo, los amigos y todo lo fastidioso de la vida diaria, pues...el sexo es mi medicina, por lo tanto, tengo que saber si es de verdad y, suelta una carcajada.

Por su parte, Alberto siempre que se toca el tema entre amigos, comenta que el sexo merece ser prioridad, tal cual comer, ducharse, vestir decentemente, ir a trabajar y cumplir con todas las responsabilidades que le han tocado, por lo tanto, ejercitarse a través del sexo también lo es, además de mantenernos saludable y felices. Con el sexo descompresionamos.

Vamos a hablar claro, cuando se conoce a alguien en plan nos gustamos, empezamos a salir, se tiene sexo, muchas veces ya, desde la primera cita, ya no se hace esperar mucho. De ahí en adelante, los fines de semana, luego algún día entre semana, si se puede, todo depende del tiempo de cada uno y, siempre que se ven se tiene sexo. A través de las relaciones sexuales, su pre y su sobremesa cada uno va conociendo los intereses del otro.

—Cuando pasen treinta años, te contaré, dice Marta, pero en estos cuarenta y algo que llevo de vida, confirmo que si usted está con una persona en plan pareja, y esa persona no quiere tener sexo con usted, pues paso a una siguiente aventura porque familia no somos. Por suerte con Alberto el sexo brilla cada día más.

Yo, como ellos, también opino que el sexo en la pareja debe ser una prioridad porque las personas se unen, antes que por cualquier otra cosa, porque se atraen físicamente, todo empieza por ahí.

Nadie presenta a sus padres sin pasar antes por la aprobación sexual. Además, si no te gusta esa persona en la cama, por muy bueno e inteligente que pueda ser, de ahí no pasa. Nadie decide juntarse a otro si sexualmente no le arrebata un buen suspiro, nadie se casa ni comparte su cama todas las noches con alguien que respete, pero no le excite, aunque esa excitación y placer se vaya modificando con los años.

CUANDO LAS ATENCIONES DE TU PAREJA
NO SON RECÍPROCAS

Yo creo que es un poquito tacaño, dice Julia entre dientes, como quien no quiere contarlo, pero a su vez no aguanta más. Porque te digo algo, es bonito compartir, pero nosotras que somos de la vieja escuela, tenemos claro que el feminismo es una mierda. En ese sentido para nosotras, refiriéndose a ella, a mí y a las mujeres de nuestra generación (las que hoy llegamos a los cuarenta), el hombre es el que paga, su papel toda la vida ha sido el de proveer y ellos "aunque se quejen" les encanta, eso los hace sentir poderosos, y no pienso discutir con nadie que eso ha funcionado y al menos yo, no estoy dispuesta a cambiar. Por eso sí te digo que ese con el que estoy saliendo es un tacaño.

Julia es una mujer muy femenina, está en todo su esplendor, es de las que le gusta atender a quien tiene a su lado, de esas mujeres que me critica a mí por no tener "gestos lindos" con mis amantes, a lo cual yo siempre digo, son innecesarios por ahora.

—Yo siento que si las atenciones no son recíprocas, es porque realmente no le intereso y punto.

Llevamos más de un año en esto y ya necesitaba decirlo en alta voz. Ambos trabajamos, estamos bien económicamente, tenemos las responsabilidades típicas, y yo soy la única que siempre tiene atenciones en todos los sentidos. Me parece que estoy pasando de atenta a comemierda.

Mi amiga estaba realmente insultada.

—Me ocupo que en casa siempre haya la bebida y comida que le gusta, de ofrecerle lo mejor que tenga, y si no lo tengo, salgo a buscarlo. Él por su parte, siempre llega a casa con las manos vacías, incluso desde el primer día que lo invité, creo que ese mismo día debí darme cuenta, pero su carita y cuerpo de ángel me nublaron la vista. Desde ese primer día se lo he entregado todo, física, emocional y ahora veo que material también.
Como un día leí en algún sitio: Date valor o alguien te pondrá precio.

—Yo creo que si una persona te atiende con lo mejor que tiene, ¿por qué no vas a reciprocar? A todos nos gusta que la persona con la cual estamos teniendo una relación nos preste atención. A veces, algo tan sencillo como una flor de mercado de esquina puede hacer sentir apreciada a una mujer. A todo el mundo le gustan los detalles, no importa si es hombre o mujer, ni su orientación sexual, los detalles enganchan.

Cuando a usted le interesa alguien busca darle hasta lo que no tiene, en eso mi amiga llevaba razón, puro sentido común.

¿La solución? Háblalo ahora con él.

¿Te ha ocurrido haber conocido a alguien que te ha hecho temblar desde el momento en que te saludó? Luego van esa primera noche directo a tu casa, y desde entonces adoras la sonrisa que se dibuja en tu rostro desde que la ves. Son imparables y espontáneas y, el sexo celestial, como si se conocieran, incluso de casi toda la vida.

Esa tarde ocurrió eso entre José y la chica que conoció en la playa. Hubo según él, química, física y todo lo demás. Desde la siguiente mañana, al despedirse continuaron, a través del teléfono, las conversaciones diarias. Todo marchaba, fluía, y así por varios fines de semanas, hasta que ella desapareció, sin ton ni son de su vida.

No es la primera vez que en los últimos años haya escuchado historias así.

José vivía esta experiencia por primera vez. Comenzó a preguntarse, qué había hecho mal; lo cual les sucede a muchos, pero muchas veces la única respuesta es nada.

—Ahora estoy preocupado —me decía—, jamás me había ocurrido algo así, y no me vengas con el cuento del espacio personal, porque yo soy hombre, ese lo doy porque lo necesito, sabes que no ando detrás de nadie, los hombres no somos así. Te digo, todo iba de maravillas, tú no lo sabes, pero en la cama soy un actor porno, te lo doy todo. Y hablando en serio, ¿qué carajos le está pasando a la gente que se va de tu vida sin decir adiós? Al principio pensé que algo le podía haber sucedido, pero luego veo a la bonita en sus redes sociales de fiesta con unas amigas. Si quería que no nos viéramos más, pues que me lo dijera y listo. No entiendo como las habilidades comunicativas del homo sapiens van cada vez más para atrás.

La mayoría de las personas buscan relaciones estables, tanto en la vida personal como profesional, todos quieren una vida sin dramas. Todos tienen sus propios sueños, objetivos, metas, planes, que por supuesto se van construyendo día a día, y este proceso de construcción ya estaba ocurriendo antes de esa noche. Pero igual, creo que sí fueron días y noches geniales al lado de esa persona, sería muy sano, para ambas partes, que le digas a la cara que no quieres más y punto.

Somos adultos, comunicarse de buena fe siempre trae buen resultado a los seres humanos, y al final del día o del camino no sabes qué o a quién te vas a encontrar.

¿SOY BUENO O NO EN LA CAMA?

Lo que es muy bueno para algunos resulta horrible para otros.

—¿Soy bueno, cierto?

Pregunta que a veces no sabes con que palabra responder y por eso decides hacerlo con una caricia y una sonrisa con el objetivo de no hacer sentir mal a la otra persona, pero sabes que contigo no se revuelca más, ni por accidente.

—Jamás debió formular tal pregunta, le cuenta Emma a su amiga Di. Momentos como esos quisiera que la tierra se abriera por un par de segundos y me tragara. Imagina, mi rostro facial que es tan expresivo y aquel hombre con semejante pregunta, donde la única respuesta que tenía en mi mente era: ¿Cuándo termina esto?

Di sonríe y le dice:

—¡Que duro mi amiga! y ambas sueltan una carcajada.

—Yo creo que eso es ser demasiado inseguro, es una frase/pregunta que debería quitarse del diccionario verbal de la gente.

Es una presión para quien debe responder, porque cuando a una le gusta lo que le dan, solita lo suelta. En ocasiones, más de una vez y hasta en diferentes tonos y frases, eso se nota por todos lados.

—¡Que horrible de verdad! —afirma Di—A mí me ha pasado, y ciertamente no sabes dónde meterte. Hay hombres que como se dice, se tiran de la lámpara y a una ni le va ni le viene; y otros llegan con un rapidito clásico y una se corre tipo manantial, es así.

—El sexo es como la ropa, la misma talla no le queda igual a todas. Agrega Emma. Haga mucho o haga poco, tenga mucho o tenga poco, olvídese de intentar ser bueno, ocúpese de disfrutar ese momento y practique lo más que pueda, y sobre todo, tenga en cuenta que el sexo va mucho más allá de la penetración y la eyaculación.

El buen sexo, va más allá de cuánto tiempo le dimos, que si pa' arriba, pa'abajo, sentado, parado, en cuatro, de lado, de espalda, atrás, delante, luz encendida, apagada, en fin, de todos esos detalles que algunas personas anotan para ser "expertos". El buen sexo es diferente para cada uno y cada pareja, y logra ser el mejor cuando dos personas se gustan, conectan y sus órganos sexuales hacen un click perfecto desde el primer segundo.

Mi consejo: ¡no pregunte! Eso se responde sin necesidad de formular tal interrogante, porque hasta con el beso, si se lo dan, que le regalan luego de haber terminado, y la mirada, se sabe; y tal cual le he dicho antes, practique mucho, no se agote de practicar y sea bien descarado porque tener sexo es la mejor medicina para el estado de ánimo, el estado físico, y sobre todo para lucir una piel luminosa. ¡Aquí, todo está permitido!

Vayamos a tu casa porque yo respeto la mía —le respondió aquel chico a Ana, luego de haberle propuesto ir a su casa tras varias citas.

—El alma se me enfrió —me comentó—, Estábamos teniendo sexo hacía casi tres meses, siempre en mi sitio, quería pasar por el suyo, y de pronto me mató con aquellas palabras. Óyeme que yo soy una persona decente.

Luego de sacudir mi mente, le dije que yo también respeto mucho mi casa. Por lo tanto, si de respeto se trata, a la mía no vienes más, ni a tener sexo ni a nada.

Es que, podemos estar teniendo sexo sabroso con alguien, pero eso no determina el respeto que pueda tenerte.

—Diríamos —dice Ana con tono insultante al contarme —, yo puedo ensuciar mis sábanas, yo puedo darte de comer, gastar mi tiempo contigo hasta la hora que tú quieras, pero, sin embargo, ¿no puedo yo hacer lo mismo? Pues, sabes que, como dicen los españoles: A tomar por culo. Ni en su casa ni en la mía, tiene que haber un balance, un equilibrio en ese tema, que sé yo.

Terminar aquella "relación" que no tenía futuro fue su solución, y a mí entender hizo bien, porque puede sonar "tonto", pero en esta vida, la dignidad, por mucho que te guste algo y/o alguien, no debe perderse y eso se deja claro con ciertas actitudes desde el inicio. Quien no te respeta hoy no te va a respetar mañana.

¿DESCUBREN LAS MUJERES UNA MENTIRA ANTES QUE LOS HOMBRES?

Cuando vamos creciendo escuchamos todo el tiempo decir: Las mujeres descubren las mentiras, incluso antes de que terminen el camino al cual pretenden llegar. Ese sexto sentido que tienen es pura magia.

Totalmente cierto que las mujeres olemos una mentira, incluso antes de cruzar el Atlántico, jajaja.

¿Qué hombre no ha intentado decir o le ha dicho una mentira a su novia, su mujer o incluso a una madre, hermana, amiga, y le han descubierto la mentira a la velocidad de la luz?

En ocasiones resulta "divertido" cómo sabemos cuándo algo que nos dicen es una mentira de las grandes, pero ponemos esa expresión facial de, ok, no pasa nada, está bien, estoy de acuerdo con lo que estás diciendo. La dejamos pasar porque no hay que enfadarse por cualquier tontería, pero cuidado con subir el volumen de las mentiras, que te la dejen pasar un par de veces no significa que siempre será así. No hay que jugar con la suerte.

Cuando alguien miente, y no es un mentiroso profesional, de esos que viven a través de la estafa y tal, pues el tono de voz cambia, hay cierto lenguaje diferente a lo habitual que, por supuesto se nota, aunque trate de esconderse, hay gestos que delatan y las mujeres, como dice un amigo siempre en broma, son unas enfermas en el tema.

Cuando a usted le hacen una pregunta, si su nivel de respuesta es siempre rápido, usted tiene siempre unos segundos para reaccionar, ¿verdad? Bueno, pues cuando usted va a mentir, siempre hace silencio. Sólo por poner un ejemplo.

Pero bueno, sepamos descubrir o no, lo mejor, más sano y tranquilo, es decir siempre la verdad.

Al final, la mentira es un trabajo, porque tienes que estar re maquinando todo el tiempo para poder sostenerla y todo ello hasta un día, que te la descubran o se harten de ti, porque mentir todo el tiempo es subestimar a esa otra persona.

SI ANTE TODO SU RESPUESTA ES EL SILENCIO...OLVÍDALO

He aprendido que el silencio es la respuesta más tranquila, menos comprometedora y más tajante que le puedes dar una persona.

En estos tiempos de tanto corretaje por parte de todos, es normal que te envíen un mensaje de texto y no puedas contestar al momento, y eso no significa que le estás haciendo ghosting a la otra persona. En ocasiones estamos realmente ocupados.

Ahora también está el caso, tal cual le sucedía a Ana con uno de esos amantes. Ella le escribía una noche cuando sabía que él ya estaba en su casa, tranquilo, relajando el estrés del día con un trago mientras miraba televisión, ella lo sabía pues ya se quedaban juntos ciertos días entre semana, además de los fines de semana, se habituaron hablar cada noche, al menos por dos minutos.

Una noche de jueves, como otro día más, ella lo contactó, y así los siguientes días, pero nada. Cuando entonces se percata que ha pasado el tiempo, y un águila por el mar, pasó un mes y la persona continuó sin contestar.

Al comentarle esto a su amiga Di, esta le respondió: Pues simplemente no te comuniques más. Es sentido común, cuando una persona te contesta con el silencio es porque no quiere hablar contigo, no le interesas, no le des más vuelta. Por muy ocupado que estemos, todos tenemos un minuto para responder aquello que nos interesa mantener en nuestras vidas. Prioridad a lo que te prioriza.

—Hay que aprender a soltar y dejar que las cosas fluyan, no hay que forzar nada amiga mía, le decía Di a Ana. Hay veces que nos acostamos a medianoche trabajando, y a las seis estamos de pie para lo mismo, pero cuando alguien nos interesa siempre contestamos. Cuando a un hombre verdaderamente le interesa una mujer le contesta hasta con los ojos cerrados. Si ya pasó un mes y no te ha contestado, olvídalo, esa es su respuesta.

Un par de semanas después se encontraron en una sala de fiesta, Ana y aquel amante. Él salía con otra.

¿HACEMOS EL RIDÍCULO CUANDO DESEAMOS CONQUISTAR A ALGUIEN?

Quien solo se ríe de sus maldades se acuerda, dicen. Y es que cuando nos atrae otra persona hacemos el ridículo, aunque pensemos que no y lo más divertido es que lo hacemos con gusto, porque cuando queremos conquistar a alguien, usamos todas las técnicas y las estrategias posibles alrededor de esa persona. Buscamos sin querer, hacer un chiste o lo que algunos llaman una payasada.

Claro, no siempre estamos buscando hacer una broma. Lo invitamos a cenar en casa (aunque tengamos que comprar comida y finjamos que la hemos cocinado), al cine, a un parque. Es decir, les buscamos las cosquillas a esa otra persona cueste lo que cueste. Y hablo de buena manera, aunque de vez en cuando hagamos un papelazo, como lo es cantar en un karaoke, jaja.

—¿Existirá un ridículo bonito? —Le preguntaba Alberto mientras comentaba el tema con Marta una de esas noches en las que se ponen a filosofar y arreglar el mundo.

—Bueno —le decía Marta— no lo sé, pero lo intentamos, pues como siempre se ha dicho, en el amor todo se vale, absolutamente todo, y para conquistar a alguien lo mismo.

—Pero sí, nos ponemos ridículos, lo sé por experiencia propia. ¿Recuerdas aquella vez que te esperé fuera del gym con un cartel? ¡Qué vergüenza ahora mismo! —Suelta una carcajada— No es que ahora no te ame, incluso ahora te amo más que en aquel momento, pero necesitaba atraparte del todo.

—¿Cómo olvidar aquello? Responde ella.

Todo lo que una persona haga para conquistar a otra, de buena manera claro está, es válido y creo que hay que tener en cuenta el esfuerzo que esa otra persona hace, pues muchas veces sí se hace el ridículo con tal de llamar la atención y no hay que sentir vergüenza. Intentarlo es grandioso y alegrarle el día a alguien es espectacular.

Usted, como Alberto, haga el ridículo, diviértase, disfrute haciendo eso que algunos llamarían locuras. La vida se vive viviendo en todos los sentidos. Lo importante es ser feliz y si la otra persona a la que estás conquistando también lo es, pues felicidades. ¡Y que viva el ridículo, sobre todo si es reciprocado!

Si te distraes en otra cosa en medio del acto sexual…

¡Qué horror cuando te distraes en otra cosa mientras tienes relaciones sexuales con alguien! Así me decía mi amigo Manuel, luego de la conquista de cama del pasado fin de semana.

—Me agarré, en el medio de aquello mirando la cortina. Cuando yo me vi en pleno acto sexual, en el que supuestamente aquella mujer estaba haciéndome algo espectacular, mirando aquella cortina en su cuarto, pensé: Termino y me voy, aquí no hay ni un doble, ni se espera el café de la mañana siguiente.

Lo cierto es que estoy totalmente de acuerdo con mi amigo Manuel, si te entretienes de esa manera, que nada tiene que ver con lo que estás haciendo, mientras estás teniendo sexo, termina y vete, porque ahí, definitivamente es el momento del arrebato y goce sexual, no es el de mirar la mariposa que se posó del otro lado de la habitación.

—Y como en efecto, así hice, terminé, le pedí permiso para ir al baño y le comenté que al otro día tenía que levantarme demasiado temprano por un tema familiar, que la llamaría durante la semana, pero...jamás. Bella, y parece buena mujer ella, pero no ligamos ni, aunque nos amarren.

Cuando uno está en ese momento, las preocupaciones terrenales deben salir de nuestra mente. Estamos ahí para desconectar. Esos minutos están diseñados para no pensar. Si en medio de aquello la cosa aburre, pues...como mi amigo Manuel, chao. El sexo no puede ser un favor que le haces a nadie mientras te castigas tú.

CUANDO ÉL SOLO QUIERE DIVERTIRSE, PERO TÚ QUIERES ALGO MÁS

Luego de varios meses de continuo sexo, ella pide algo más y su respuesta sin tapujo alguno fue: Yo sólo quiero divertirme.

Esa respuesta fue para mi amiga Marta, ella es buena amante, lo han dicho todas sus conquistas en alguna que otra broma cuando estamos entre amigos.

Pero las cosas simplemente suceden. Esto fue antes de conocer a Alberto, su actual pareja. Es bueno que te quieras divertir, le dijo ella a aquel amante. Yo también disfruto estos momentos, pero ha pasado el tiempo y deseo algo más, creo que hacemos buen match y podemos ir a un siguiente nivel, y como no me considero un parque de diversiones pues hasta aquí llega nuestra historia.

Marta es así, tajante, realista y directa.

Hacia adelante siempre hay más pueblos y no vale la pena quedarse detenido en uno que no te aprecie. Ella había invertido ya casi un año en ese carrusel y esa respuesta fue suficiente para saber que allí ni se subiría ni permitiría que aquel pasajero volviera a montar.

No importa si eres mujer u hombre, no debe sentirse miedo en dejarle claro a la otra persona tus aspiraciones a medida que las cosas avancen. Es importante que todo fluya, pero igual hay que saberse situar. Si alguien sólo quiere divertirse contigo y tú deseas ir más allá, pues te toca hablar tan fluido como mi amiga Marta en su momento. Yo no quiero divertirme, para eso está el parque de atracciones y no es lo que yo estoy buscando ni quiero para mi vida.

Las cosas no hay que hacerlas difíciles, en el momento en que hay que pasarlo bien, se pasa estupendo, pero cuando no quieras más, se habla, se busca negociar y si en ningún punto se ponen de acuerdo, pues hasta luego y adiós.

Muy pocas actividades son tan placenteras como tener sexo, me comentaba una amiga hace unos días, y pueden llevarse a cabo de múltiples maneras donde todo lo que hagas puede ser ameno.

Ambas soltamos una carcajada. Era el tema de esa tarde.

—Si hablamos de diferentes tipos de relaciones sexuales, hablemos primero sobre el sexo con amor, esa relación sexual que existe entre dos personas donde la complicidad es protagonista porque ambos cuerpos se conocen inexplicablemente. Esos minutos, o en esas horas, hacer el amor se vuelve realmente estimulante, gratificante y encantador, lo cierto es que es mucho más que sexo y, es sin duda una de las experiencias más increíbles que puede experimentar el ser humano. Es deliciosamente rico, le digo.

—Yo sé que cuando las mujeres tenemos orgasmos, vamos a decir, unas dos veces por semana tenemos un treinta por ciento menos de probabilidades de sufrir problemas cardiovasculares en comparación a las que no lo tienen.

—También está el sexo sin compromiso, ese que se da entre buenos amigos. Se tiene sexo, pero nada de compromiso.

—El sexo espontáneo, ese que es aquí y ahora, como cuando llegamos del gimnasio, del trabajo, de la escuela, de cualquier sitio, da igual, pero que llegamos a casa, abrimos la puerta y tenemos ese pensamiento, y tras ese pensamiento el deseo, y decimos aquí y ahora, jajajaja. Ese es sabrosísimo.

—El sexo planificado, el que se tiene, por supuesto a una hora, un día, un sitio. Ese es más que usado cuando se tienen niños. Hay que dejarlos con la abuela y escaparse un fin de semana lejos de todo y todos.

—El súper útil y conocido quickie, tú sabes, el llamado rapidito. El que llegamos, tenemos un minuto y hay que aprovechar.

—El cibersexo, que también ha tomado muchísima fuerza en las últimas décadas donde se usa la tecnología para ello, a veces son parejas, donde incluso, uno está en un país o una ciudad diferente por cualquier razón, y necesitan tener relaciones sexuales así. Vaya, yo lo llamaría: Paja cibernética.

—En fin, debe haber más clasificaciones por ahí porque ahora todo tiene etiqueta. Lo mejor es vivirlo como a una le guste y listo.

¡Así mismo! Chocaron sus copas, rieron y cambiaron a otro tema.

¿Puede un hombre tener un orgasmo sin eyacular? —le pregunta Ana a su amigo.

—Claro que sí, responde él. Yo he tenido orgasmos secos. Se le llama así, porque cuando alcanzamos el clímax sexual, el semen en vez de ser expulsado por el pene se queda dentro de la vejiga.

Este, amiga mía, puede venir por múltiples factores. Puede ser porque se está bajo tratamiento. A mí me pasó justo por eso la primera vez, por la presión arterial, por depresión, por alguna cirugía en la vejiga o daño en los nervios causado por esclerosis múltiple o diabetes para algunos hombres.

—¿Pero, y eso no duele? — pregunta Ana.

Si, puede ser doloroso, para algunos es insatisfactorio, pero sin embargo otros lo encuentran mucho más intenso. Tengo entendido, que incluso el orgasmo seco es uno de los objetivos del sexo tántrico.

La mayoría de los hombres se la pasa adivinando qué es lo imprescindible para nosotras las mujeres. Muchas veces los escuchas decir: Si no tengo esto o aquello, ella conmigo no aceptará salir.

Mi amigo Alberto, es uno de esos hombres que se la pasaba mostrando de "manera casual" la llave de sus autos de lujos. Los cambiaba cada dos años con el propósito de impresionar a las mujeres que quería ligar. Él era uno de esos tantos hombres que le daba más importancia al auto del momento que a los cuadros del estómago. Hablo en pasado, porque desde el comienzo de su relación con Marta, sus creencias en muchos aspectos comenzaron a dejar de ser limitantes. Su auto ya no importaba como antes, no porque no quisiera impresionarla, al contrario, si no porque fue descubriendo que al final del día las mujeres nos quedamos por otros atributos que no son precisamente los logos de un auto, aunque nos guste claro está. Las mujeres prefieren la limpieza y el carácter. Este último lo define todo.

Los cuadritos en el abdomen pueden verse fabulosos, eso no se niega, pero a veces los miramos y nos preguntamos si se podrán tocar, e incluso, si disfrutarán salir a comer como cualquier otro mortal sin castigarse. A la mayoría no nos interesan esos cuadros, ni sus dimensiones correctas o incorrectas. Preferimos al de la barriguita que se pueda lamer, besar y hasta morder su poquito, y el tamaño de su pene, porque el tamaño SÍ importa, al menos que sea standard, que sepa cómo usarlo y que encaje bien dentro nuestro. Entonces, ahí comenzamos a analizar.

—Hasta calvo me estoy quedando —me decía Alberto un tiempo antes de conocer a Marta— Me estoy poniendo viejo, y reía.

—No te estreses —le respondía en aquella época— La inseguridad se transmite y las mujeres la olemos a millas de distancia.

Tampoco hay que exagerar en los sentimientos, y con esto me refiero a que no tienen que andar de tipos rudos todo el tiempo, ni hacerse los súper sensibles (los llorones). Nos atrae un hombre que se cuide, se ponga su buen perfume, que donde se pare imponga respeto, y lo más importante, que nos cuide. Las mujeres elegimos a quien nos traiga seguridad.

Juegos sexuales

Cada pareja, a medida que va avanzando va encontrando su mejor ritmo y estilo, y en el camino también tropieza hasta con sus juegos sexuales favoritos.

Marta y Alberto, son una pareja que me encanta, ellos no han tenido ningún tabú en el proceso de exteriorizar lo que les da curiosidad y han decidido experimentar.

Una de esas tardes que ella y yo quedamos para beber unas copas y como amigas ponernos al día, me contaba, porque sí las mujeres nos decimos todo, sobre los juegos sexuales que tenía con Alberto.

Su gran elegido era jugar a ciegas, ese de vendarse los ojos, confiar en el otro y dejar que le hiciera cuanto quisiera. En este no ves nada y sientes el doble, decía.

Me comentaba sobre el telefónico, le daba un morbo tremendo. Lo llamaba los días en los que él, por trabajo se quedaba fuera de casa y con su voz le describía lo que se hacía con sus dedos y/o con algún juguete hasta correrse.

—¡Ah! —exclama con énfasis—, ¿qué te digo del juego profesor-alumno? Aquí llevo la iniciativa, aunque él sea el profesor.

Le ordeno todo lo que debe tocar, aunque la alumna, es decir yo, sea una inexperta y esté aprendiendo del profesor. Soy la estudiante dominante, jajajaja, un poco agresiva, con mucha salsita.

Con los juegos se trabaja mucho el punto mental y el poder de los deseos más íntimos. Muchos hombres consiguen un gran estímulo a través de los juegos sexuales, les permite una erección de calidad y gran satisfacción. Ellos, en el tema, son 90% mental. Filosofábamos nosotras.

Al final del día y más importante, es que ambas partes sientan comodidad, y por supuesto muchísima comunicación y confianza para lograr que su relación, sexualmente hablando, sea totalmente sana y deliciosa.

ELLA ES MAYOR QUE ÉL, ¿Y QUÉ?

A pesar de lo avanzado que vamos, cuando en una relación de pareja, la mujer es mayor que el hombre, el adelanto se va abajo, los prejuicios salen a flote y todos comienzan a criticar.

Ese chiquillo debe ser inmaduro e irresponsable, esa mujer está loca, ¿cómo tener una relación con ese hombre, que se nota es quince años más joven que ella?

Mi amiga Ana no había "tenido suerte" con los de su edad al separase, y entre tanto andar se encontró con este chico de tan sólo 27 años, ella había llegado a sus 40.

Personalmente no conocía al chico de antes, pero…Dios, había que ver como la miraba, la mimaba y lo feliz que se veían siempre. Ella rejuveneció la misma cantidad de años que la diferenciaba de él.

—Soy —me decía una tarde de Domingo que me visitó—, independiente, con una vida estable, metas claras, aunque aún todas no estén cumplidas, y como dirían algunos: próspera. Entonces, me toca hacer con mi vida lo que se me venga en gana. Jamás creí que me fuera a liar con alguien donde yo fuera precisamente la mayor, y te digo amiga mía que la vida ahí es otra.

Ambas reímos y brindamos por esa expresión.

—Es un hombre, y si me preguntan ¿qué me da? Pues mucha felicidad y seguridad en la cama, como dice un amigo nuestro: Eso es Duracell, dura más y no se acaba, jajá jajá. Es una joyita.

—¿Sabes algo Ana? No tienes que justificarte con nadie, no está mal admitir y mucho menos disfrutar como lo estás haciendo, da igual si es más joven o no. Goza tu sexualidad con este chico y punto. Gástale toda esa testosterona, necesitabas vida fresca y mucha energía.

Puede que cuando hay esta diferencia de edad las metas, expectativas y los intereses sean diferentes, pero no se puede vivir todo el tiempo con la manzana podrida en la cabeza, si no ¿cuándo vamos a vivir?

¿REGLAS EN EL SEXO?

Yo tengo reglas al momento de tener sexo, frase que he escuchado de algún conocido. A mí en lo particular me gusta llamarlas negociaciones, quizás gustos y/o preferencias.

—Ve de lado y bien suavecito —le dice Ana a Ricardo aquella primera noche en que fueron a la cama hace más de ocho años.

—Ay no, pero ¡no me pongas reglas ahora, porque se me cae todo! —le respondió Ricardo en tono burlesco y creyendo que sería una broma, cuando en realidad así fue, casi siempre, desde entonces y hasta que terminaron.

Antes de tener sexo con otra persona, es importante sentirse seguro y con la confianza suficiente para hacerlo. Cuando dos personas van a la cama, el sofá, el balcón, la piscina, en fin...al sitio que escojan en ese momento, es válido decirle a esa otra persona lo que le gusta y de la manera en que más lo disfruta, pues cada uno tiene sus propios gustos y es válido hablar con quién te revuelcas, pero tampoco puedes ir a la cama asustado, como si llegaras al matadero. Tampoco así.

En una pareja debe existir una comunicación abierta, clara y directa, además de confianza mutua, respeto, apoyo, equilibrio y así lograr una relación saludable y feliz.

Las relaciones sexuales son puro placer. Ese es el momento de olvidarse de lo que puede ser adecuado o no. Borre de su mente los prejuicios, y con ellos se irán esas reglas que al final lo limitan de buenos revolcones.

Hay peleas que llevan a una pareja a separarse, y con tal distanciamiento pasan días, semanas, meses y hasta un par de años. Pero...como dice el dicho: Lo que te toca te toca, aunque te quites y cuando menos lo esperas, un inesperado reencuentro sucede.

Desde cierta distancia, Frank la vio y como hombre decidido la tomó por su cintura y le dijo:

—Vámonos a otro sitio, y si luego lo deseas seguimos a tu cama o la mía.

Emma sonrió, lo tomó de la mano y respondió: Al cielo.

Emma y Frank habían acordado, un tiempo atrás, luego de una fortísima discusión, no continuar juntos (como pareja). Pero esa noche ardieron con sólo mirarse.

—Todo este tiempo buscaba tu sonrisa y tu sexo en otras —le dijo Frank—y créeme, no he encontrado a esa otra mujer que me entienda con sólo una mirada, que no me reproche si esa noche sólo quiero hacerla venir con mi boca sin necesidad de hacer malabares cada vez, de eso no va el sexo siempre que lo tienes.

Además, nadie como tú para verme y mojarte. Siempre me resulta increíble tu chorro de humedad al excitarte.

—Cuando ocurre un reencuentro como este, todo se olvida. El gozo de este momento nos deja claro que el presente nos ha devuelto el sabor del placer —le comentaba Emma a Frank.

Ese fin de semana se quedaron juntos en la cama de ella. El reencuentro fue uno de los días más calientes y placenteros de ambos.

¿POR QUÉ SE QUERRÍA MORDER A ALGUIEN?

El placer sexual se disfruta de múltiples maneras y el mordisco no queda fuera, incluso está comprobado (lo digo por lo que se siente al hacerlo), que esta acción es una liberación de sentimientos a la que se le define como "tierna agresión" , que nada tiene de malo, en realidad es totalmente normal y más común de lo que muchos creerían.

—¿Me dejas darte una mordidita? —le pregunta jocosamente Paloma a Orlando mientras se acerca a su cuerpo.

—Estás loca —responde mientras ríe.

—Mírate —dice Paloma mientras ríe—, como mi alimento favorito y el placer que me provoca tenerlo cerca.

Y es que Paloma lleva razón, en ocasiones no sabemos cómo expresar ciertos deseos o maneras de conquista y, aunque pueda parecer que nos manifestamos de manera contraria a lo que realmente deseamos, que nadie se espante, este tipo de manifestaciones ayudan a mantener estabilidad emocional al ser un sentimiento positivo.

Paloma le comenta a Orlando, que su deseo no es locura (aunque sonríe), le explica que le ha echado de menos durante esa semana que estuvo fuera.

—Han pasado muchos días sin verte y ahora que estás aquí —Paloma muerde sus labios con lujuria.

Pues pa'luego es tarde. Anda, a la cama, y a mordernos, halarte el cabello, amarrarte hoy a la cabecera, a darte unas nalgadas, pues yo también he necesitado algo de eso mientras estuve fuera.

Y es que esos segundos en los cuales involuntariamente nos desconectamos de todo, no nos importa si la mordidita amorosa nos dejará una futura marca por unos días, a esa hora todo da igual porque el placer sexual y sus maneras de disfrutar son un laberinto ineludible de descubrir. Usted dese esa oportunidad de explorar y seguro, confíe en mí, lo disfrutará.

En esta vida nada es absoluto, y con su transcurrir, he aprendido que en ocasiones el orgullo nos juega malas pasadas porque se vuelve impertinente, obstinado, engreído, y si no aprendemos a tomar la dosis adecuada para cada situación, podemos perder a quien más deseamos o incluso amamos.

El día en el cual me percaté que cada fibra de mi cuerpo echaba TANTO de menos a Emma, entendí que si la quería debía ir a por ella, era la única solución contra el batallar de mis lujuriosos pensamientos. Necesitaba verla, saber cómo estaba, cuán feliz era sin mí, el hombre con el cual compartió noches incomparables de placer. Necesitaba olerla, besarla, vivir las constantes erecciones que me provocaba con sólo verla y, por supuesto, comérmela de pies a cabeza. Un día no me castigué más, la llamé y con la sonrisa que tanto extrañaba me recibió entre sus sábanas.

¿Por qué no le hice caso mucho antes a la lujuria de mis pensamientos y mi piel?

En fin... ahí estaba, regocijándome por su felicidad entre mis piernas, disfrutando cada segundo de su torso, enloquecía de placer al verla cabalgar sobre mí, al colocarla en cuatro y darle todo mi sexo mientras disfrutaba y esparcía todos sus fluidos sobre mí. Con Emma me resultaba imposible esconder el desenfreno carnal que en épocas anteriores me reclamaban.

Cada persona es dueña de elegir, quién sí y quién no, en su vida sexual–amorosa, y por experiencia propia les digo que no se engañen justificando a la persona que les ronda una vez al mes diciendo que les echa de menos, pero que jamás se comunica con ustedes, precisamente este sigo XXI donde los medios y las plataformas para establecer comunicación con una persona están al alcance de todos, incluso yo diría que es más fácil encontrar a alguien con sólo un celular en las manos que yendo al supermercado, lleva hasta menos esfuerzo.

Hay momentos en que quizás debamos tomar distancia de una persona, pero...cuando de veras la echamos de menos, no existe nada ni nadie que se interponga, ni siquiera tu intocable e inservible orgullo. Las relaciones sexuales, tal cual las finanzas, se manejan, pero las primeras jamás serán tan exactas como las segundas.

Esa noche fui muy feliz. Me despedí con la promesa de regresar, pero no lo hice. No me necesitaba.

Por cierto, soy Luis, el protagonista del primer relato de este libro.

Índice

Acerca del autor

Ingrid Lucia (nacida en Ciudad de la Habana, Cuba) vive en Miami, Florida. Es graduada de Licenciatura en Comunicación Social en La Universidad de la Habana y Coach Personal en la Asociación Internacional de Coaching.

En 2007 emprendió camino como locutora y presentadora de diversos programas de radio en La Habana. En 2011 va a vivir a Madrid, España, donde escribió, presentó y dirigió sus propios shows hasta que en 2014 se traslada a Miami, Florida. Desde entonces se ha desempeñado como escritora y talento de diversas estaciones, además de ser en su propio canal de YouTube "Las Cosas de Ingrid Lucia" la presentadora, productora y directora.

Colaboró como escritora en "Rostros magazine", y como Coach Personal enfocada en sexualidad en El News Café, "show de Univisión".

Ha publicado: Hablemos claro de Sexualidad: Primera temporada (2022)

Ingrid Lucia

Hablemos claro de
Sexualidad

Primera temporada